JN114540

塩瀬晶子

子どもの不幸をつくる親

愛せなくなる子どもたち

鳥影社

はじめに

もうずいぶん昔のことになるけれど、ある時テレビを見ていたら、唱歌の「故郷《ふるさと》」が聞こえてきた。その番組は、「故郷」の作詞者の生涯を紹介していたようだった。画面には歌詞が映しだされていた。見ていると、一番が終わって二番に、そして三番になった。

志《こころざし》をはたして　いつの日にか帰らん　山は青き故郷　水は清き故郷　（高野辰之作詞）

「いかにいます父母《ちちはは》、つつがなしや友がき〜」と聴いてきて、「志をはたして」のところでなぜか涙が出た。故郷には父や母が待っているのに、私は何ができただろう。同級生たちはみんなりっぱにやっている。両親の誇れるいい娘になれていなくて、申し訳ないと思った。挫折した大正時代の文学青年の気持ちがわかったような気がした。それにしても、いつもだったらそんな大そうなことなど考えもしないのに、なぜかその時は、理由のわからない罪の意識を感じて、ただただ悲しかった。私は自分が存在すること自体に罪悪感をもっていたのだ。

泣きながら「故郷」を聴いた時から長い時間が過ぎて、私は、私の罪の意識がどこから来ていたのかということに気がついた。私には、私が何をしてもしなくても満足してくれない母がいたのだ。

私が幼いころから、母はことあるごとに私にダメ出しをした。私の振る舞いに恥をかかされたと何度も責められ、そのたびに私は自分の存在を恥じ、生きていて申し訳ないと思った。なんとか母に認めてもらいたくて、できない努力や我慢をかさねたけれど、母が私をほめてくれることはなかった。母は私を温かく包み込んでくれるどころか、気に入らないことをすると言っては冷たく拒絶したのだ。私は自分を肯定することができなくなっていった。母に愛してもらえず、自分を愛せなくなったのだ。

日本における十歳から三十九歳までの若年層の死因第一位は自殺である。韓国と並んで、日本では若者の自殺が多い。先進国であるにもかかわらず、子どもの幸福感が低いのも特徴的である。子どもの自己肯定感が低いということもよく指摘される。自分で自分を肯定できずに否定する。自己否定の行き着くところが自殺なのだ。

日本には、大人も子どもも、自分で自分を認められない人が多いのではないか。まず自分を肯定できないと、人生のすべてがうまくいかないというのに、それができていない人が多い。そのような人は、自分と親との関係を見つめなおしてみるとよいだろう。自分のかかえている問題に気づき、本来の自分の人生をとりもどすことができる。

生き方を変えると、別の困難をかかえることにもなるが、それでも、せっかく生まれてきたからには、自分の人生を引き受け、そして切り開いていってもらいたいと思う。なぜなら、そこには、その困難に見合っただけの大きな喜びもまたあるはずだからだ。

子どもの不幸をつくる親　目次

——愛せなくなる　子どもたち——

はじめに　1

一、「生きていける人間」になる　9
さくらちゃんのこと　11
さくらちゃんと私　18
子どもを育てるということ　24
「生きていける人間」になる　40

二、自分を愛せない人たち　51
「ほめて」ほしがる人たち　53
「自爆したい！」と言う子ども　61
「正義」の仮面をかぶってやってくるもの　71
罪悪感の正体と楽しめない人たち　81

三、愛せなくなる子どもたち——すべての不幸のはじまり　91
感じる力をとりもどす　93

自由になることと幸福の関係　98
不幸な母親の不幸な子ども　102
愛するということ　108
四、否定の構造――どうして愛せなくなるのか　117
不安と恐れと依存しあう関係　119
怒りの感情と支配・被支配の関係　128
不幸だから不幸、幸せだから幸せ　137
五、愛こそすべて――私たちはどうすればよいのか　149
権威からの解放と自由の価値　151
愛こそすべて　164
私たちはどうすればよいのか　174
それでも自分に「ＹＥＳ」と言う　181
エピローグ　187

一、「生きていける人間」になる

Sakura

さくらちゃんのこと

・自分は、ひとをこまらせる。
・自分は、ひとのことをかんがえることができない。
・自分は、よわむし。
・自分は、ひとをこわがる。
・自分は、みんなとは、なかよくなれない。
・自分は、みんなにきらわれている。
・自分のことをわかってくれるひとがいない。

これらのことから私は、生きていたくないです。

さくらちゃんがこんなものを書いていたと、お母さんが私に見せてくれた。私はびっくりした。さくらちゃんは「生きていたくない」と書いている。

さくらちゃんとはじめて会ってから、もうまもなく二年になろうとしている。さくらちゃんは今年中学三年生の女の子だ。だんだん大人に近づいて、最近きれいになってきたけれど、中学三年生にしては少し甘えん坊だ。さくらちゃんはいつもお母さんといっしょだ。さくらちゃんはお母さんの背中の後ろに隠れているかと思うと、そのままお母さんにピッタリくっついたままやってくる。そして少し時間がたって慣れてくると、私にも子猫のようにすり寄ってくる。かわいい子猫のさくらちゃんの頭をなでながら、私はお母さんの話を聞く。

最初にさくらちゃんのお母さんから言われたことは、さくらちゃんには発達障害があるということだった。さくらちゃんは、ASD（自閉スペクトラム）、ADHD（注意欠陥）、LD（学習障害）という課題をもっており、ほかの子たちとはちょっと違ったところがあるため、小学校のころから仲間はずれにされることが多く、学校に行くこと自体が大変だったという。

さくらちゃんはLD（学習障害）をもっているので、学校の授業についていくのが難しい。さくらちゃんは推論することが苦手で、その上、文章を読むことにも大変時間がかかる。読んでから書くという作業が必要なため、先生の板書を写すのもクラスで一番遅かったそうだ。

そのような状態では、試験などでもとても不利だ。現在、試験時間は通常の一・三倍に延長してもらってはいるが、さくらちゃん本人に聞くと、「問題を読み上げてもらえればもっとできる」と言っていると言って、お母さんはため息をつく。

授業にはついていけない、周囲の子どもたちとは合わない、そんなことが積み重なって、さくらちゃんは年齢が上がるごとに、友だちが少なくなってしまったのだそうだ。さくらちゃんは、学校で一人ぼっちになってしまうことも多いという。

さくらちゃんはもう、無理をして学校に行かなくてもいいのではないだろうか。去年までは、全日制の普通高校に行きたいと言ってがんばって登校していたけれど、通信制の高校に行って大学に進学するという道もある。さくらちゃんも通信制高校に興味を持ち始めた。通信制の高校に行くのなら、内申書のことを気にして、無理にでも学校に行く必要はない。これまではせっかく学校に行っても、さくらちゃんは教室に入れず、肝心の授業には出られなかったりしたそうだ。お母さんによれば、さくらちゃんの生活リズムが乱れて、学校に行くこと自体がとても難しかった時期もあったという。

さくらちゃんを育てるにあたって、お母さんはさまざまな医療機関を訪ね歩いた。さくらちゃんの特性を理解し、また、周囲に、特に学校に理解してもらうために、奔走した。お母さんは、さくらちゃんの特性を理解した上で、その素質を伸ばしてもらえそうなところを必死に探した。さくらちゃんが将来自立できるように、勉強もふくめたいろいろな学習ができるところや、SST（社会生活技能訓練）などに通うことにした。けれどもさくらちゃんは、そのようなところに通うこと自体が怖いと言って、しり込みしてしまう。そればかりか、お母さんやお父さん、ときにはおばあちゃんにまで怒りを爆発させる。自分の気持ちをうまく説明できずに、暴れて家の中のものを壊したりする。また、ふいっと家を飛び出して、みんなが心配して探し回るということも何度もあったそうだ。

さくらちゃんは騒ぎを起こしてまわりの人を振り回す。けれども、さくらちゃんにはさくらちゃんの言い分があるのだ。さくらちゃんは、自分のことをわかってくれる人がいないと言う。


さくらちゃんと知り合ってからしばらくして、私はさくらちゃんにまつわる意外な事実を知ることになった。お母さんによれば、さくらちゃんは、お母さんやお父さんとは血のつながりがないという。さくらちゃんは一歳半の時に、今のお母さんとお父さんのもとへとやってきた。それまでは、施設にいたというのだ。

英語で障害者のことをチャレンジド（challenged）と言うことがあるが、さくらちゃんの人生はまさにチャレンジを要する、何事にも挑み続けなくてはいけない人生だ。さくらちゃんは、障害とともに生きていかなくてはならないだけではなく、人生のスタート時点でも、とてつもなく大きな別のハンデを背負わされていたのだ。

さくらちゃんは生まれたばかりの赤ちゃんの時に、ショッピングモールの女子トイレの片隅に置き去りにされていたということだ。実のお母さんはどういうつもりでそんなことをしたのだろう。生まれたばかりの赤ん坊は、一人でなんてとうてい生きていけない。子どもが死んでもいいと思ったのか。それでも、道端や山野の中ではなく、雨風をしのげて人目のあるショッピングモールに置いたということは、なんとか子どもに命をつないでほしいと願ったのか。

いずれにしても、残念ながら、その時さくらちゃんの実のお母さんが、さくらちゃんの存在を自分のまわりから消し去りたいと思っていたことは確かだ。さくらちゃんは祝福されて生まれてきたのではなかった。それどころか、さくらちゃんは実のお母さんから、人生の最初のところで、その存在を否定されたのだ。

さくらちゃんの人生は自分の存在を否定されることから始まった。さくらちゃんは実のお母さんからその存在を肯定してもらえなかった。つまり、愛してもらえなかった。そして愛してもらえなかった子どもの人生は、生きにくいものになる。なぜなら、愛してもらえなかった子どもは、自分を愛することができなくなるからだ。

存在を否定された子どもは、自分を肯定することができずに、今度は自分で自分を否定する。自分を否定しながら生きるというのはそもそも矛盾している。自己否定が行き着くところは死だ。さくらちゃんのメモも、「生きていたくないです」と結ばれている。

さくらちゃんのように、死を口にする子どもは実は少なくない。「自分なんか死んでしまったほうがいいんじゃないかと思う」とか、「自殺したい」と言った子どもを私は知っている。彼らはおそらくはやはり、その親から、なんらかの形で自分の存在を否定されるような経験をしたのだろう。

もっともさくらちゃんの場合、こんな反論もあるかもしれない。赤ん坊は何もわからないはずだ。だれだって赤ん坊の時のことなど覚えていない。それなのに、どうしてそんな時のことがあとあとまで影響するだろうかというものだ。けれども、赤ん坊が何もわからないなどというのは大人が大人になってから言いだすことだ。赤ん坊にその時の気持ちがないとまでは言えないはずだ。赤ん坊だった時には赤ん坊だった時の気持ちがあったが、成長する過程で記憶の底にしまわれてしまったのではないだろうか。あるいは、具体的な出来事を覚えてはいなくても、その時の気持ちだけがその人の無意識の中に残るということはないだろうか。

そう考えると、置き去りにされてしまった時のさくらちゃんの気持ちはどんなだったろうと空恐ろしくなる。自分は何もできない赤ん坊で、何もわからない。そこがどんなところか、どんな人がいるのかもわからない。何が起こっているのかも、何が起こるのかもわからない。何かしたくても何もできない。ただひたすら怖かったのではなかったか。

さくらちゃんは今でも、ことあるごとに「怖い」、「怖い」と言う。さくらちゃんにとってのもっとも古い「怖い」記憶は、置き去りにされた時のものなのではないだろうか。その記憶があるがために、今も何でも怖くなってしまうのではないだろうか。

さくらちゃんは二言目《ふた》には「怖い」と言う。自分でも、自分のことを「よわむし」と言う。さくらちゃんは、自分が「ひとをこわがる」ことを知っている。さくらちゃんの頭の中はいつも不安でいっぱいなのだ。学校の教室や塾の教室に怖くて入っていけず、立ち往生してしまうこともしばしばだ。さくらちゃんはどうして怖がるのか。さくらちゃんがあらゆるところで「怖い」と思ってしまうのは、赤ちゃんのころのあの恐ろしい経験が記憶の根っこにあるからではないのか。

さくらちゃんと私

　さくらちゃんの今のお母さんは、さくらちゃんを育てながら、何かが違うと感じたそうだ。さくらちゃんはときどき受け容れがたい行動をする、これはさくらちゃんの心理的な面に問題があると思い定めて、お母さんは専門家の門をたたいた。すると、さくらちゃんは「愛着障害」であると指摘されたというのだ。

　愛着障害をもつ人は、親の育児放棄や虐待などのなんらかの理由で、乳幼児期に養育者ときちんとした愛着を築くことができず、人を過度に恐れたり、反対に誰に対してもなれなれしく振る舞ったりといった様子を見せる。もともとは子どもの問題としてとらえられていたものが、最近では、大人にまで拡大して適用されるようになってきている。子どもであれ大人であれ、情緒や対人関係に困難をかかえている人には、この愛着障害が疑われるというのだ。

　私は自分自身が愛着障害をもっていると考えている。私の親、とくに母親はよい親ではなかった。育児放棄されたわけでもなく、身体的な虐待もなかったが、母は私を精神的に虐待して育てたのだと認識している。

母は私に、「おまえはダメだ、私を見習え」と、有形無形のメッセージを寄こし続けた。その結果私は、自己肯定感が低いうえ、失敗を極度に恐れる神経質な性格になってしまった。母が私のために、私の気持ちや私自身の人生について考えてくれることなど一切なかった。それなのに母は、私が母の気持ちをくみ、母のために考え、行動することを求めたのだ。私は自分のために自分の気持ちを考え、自分のために生きるということがそもそも理解できなかった。母は自分のために私を育て、まんまとそれに成功したのだ。私はひたすら母の顔色をうかがい、どうしたら母が喜んでくれるかということばかり考える子どもになってしまった。

情緒や対人関係に問題をかかえている人は愛着障害が疑われる。私も対人関係に問題をかかえがちで、なかなかだれかと親密なよい関係を築くことができない。どうせ自分のことはわかってもらえないと、人を遠ざけてしまったり、反対に、ちょっと理解を示してくれそうになった人には頼りすぎてしまったりと、人との距離の取り方が適切ではないのだ。また情緒も常に不安定で孤独感から逃れられず、なにかと不安で不安で完全主義におちいって、強迫観念に取りつかれることもある。

だから、さくらちゃんの「怖い」という気持ちは人ごとではなかった。私も怖かったのだ。私は母が怖かったのだと思う。母に嫌われることが、母に見捨てられることが怖かったのだと思うのだ。今思うとまったくいまいましいかぎりだけれども、そうとしか考えられない。

以前の私と同じように、さくらちゃんにも、実のお母さんに嫌われたくないという気持ちがまだあるのではないだろうか。さくらちゃんの深層心理の中には、実のお母さんに捨てられたトラウマ（精神的外傷）があるはずだ。そのトラウマを癒やす必要があるだろう。

幼いさくらちゃんに、「本当のお母さんになんて言いたい？」と尋ねると、「ディズニーランドに連れて行ってもらいたい」と答えたそうだ。さくらちゃんが、実のお母さんに嫌われたくないと思っていることのあらわれではないだろうか。さくらちゃんは、自分で自分を肯定できず、自分に自信がないから、「なんで私を捨てたんだ！」と実のお母さんに怒って、嫌われたくないのではないかと思うのだ。

母が長年私にしていたことに気がついたとき、私は怒りがおさまらなかった。母が私にしていたことは精神的な虐待で、そのために私の人生がめちゃくちゃになってしまったと気づいたとき、私の怒りは爆発した。「どうしてくれるんだ、私の人生を返せ！」と言わんばかりで、次から次へと湧《わ》き出してくる怒りはその後一年くらい続いた。そしてもう母に何もしてもらうこともなければ、何もしてやる必要もないのだと思い定めたとき、ようやく気持ちが落ち着いたのだ。

さくらちゃんも、実のお母さんに対する怒りを吐き出して、自信を回復し、「自分は自分で生きていく」と思えるようになるといいのではないだろうか。けれども、そもそも、さくらちゃんは、自分が捨てられたことを話題にすること自体を嫌《いや》がる。「その話は怖い」と言うのだ。

さくらちゃんの気持ちは揺れる。今のお母さんやお父さんや家族のこと、それから学校の先生たちのこと、だれを信じて、何を話して、どう行動すればよいのか、自分がどうしたいのか、行ったり来たりをくり返す。

さくらちゃんはまた書いた。今度は絵も描いた。今、自分が考えていることを、短い言葉で書きとめた。そこに添えられている女の子の絵は、目深にフードをかぶって顔を半分隠して立っているさくらちゃん自身の姿だ。その言葉は本心かもしれない。あるいは本当のことではないかもしれない。また、だれかを傷つけてしまうものかもしれない。それでも、さくらちゃん自身の言葉に耳を傾けてみよう。

○　さくらちゃんのメモから

「本当に私のことをそだてたいと思うの？（お母さんとお父さん）」

「私のこときらい？」

「生きてていいことない」

「ごめんなさい」

「もうなにもやりたくない」

「わたしにとってのしあわせってなんだろう？」

「私はかぞくとみんなで、楽しく生きたいだけ。かぞくがなかったから」

「私のせいにしないでほしい」

「私、こわれちゃう」

「つらい」

「私、どうしていいかわかんない」

「私がいないほうがしあわせ？」

「学校にいって勉強したい」

「世界の音をなにもききたくない」

「親、いがいにつらい話を聞いてほしい」

「なにもかもがこわい」

「つらいことをいわないでほしい」

「私のこと少しでもいいからわかって」

「生きてるのやめたい」


こうしてさくらちゃん自身の言葉をたどって思うのは、これはやはりさくらちゃんだけの問題ではないということだ。さくらちゃんほど難しい境遇にはなくても、似たような問いかけをしたことのある人は多いはずだ。そして、さくらちゃんはずいぶん哲学的なことを考えているということにも気がつく。「幸せってなんだろうね、さくらちゃん。それから、さくらちゃん、ずいぶんいろいろなことを表現できるようになったね」と私は言いたい。

私も恐ろしい不安の中で生きていたので、さくらちゃんの「怖い」という気持ちがよくわかる。母の叱責《しっせき》が怖くて、なんでも完璧にやらないといけないと思い込んでいたから、何をするのにも恐ろしい覚悟がいった。「できるかな、できないんじゃないかな」と不安に思いながらやるから、結局失敗してしまうということばかりだった。何をするのもしないのも怖かったのだ。

そして、さくらちゃんと同じように、最後はやはり死んだら楽になるのではないかと考えた。私は刑期が終わるのを待つ受刑者のように、早く生きることから解放されたいと思っていた。実際に自殺を試みるほどに思いつめることはなかったものの、私の中ではいつも、死が鈍い輝きを放っていたのだ。

私がさくらちゃんに共感して自分のことを話すと、さくらちゃんはだんだん自分のことを話してくれるようになった。何が怖いのか、何が辛いのか、何が怖かったのか、何が辛かったのか、いろいろなことを自分の言葉で話してくれるようになっていったのだ。

さくらちゃんのメモは、お母さんにとっては少し厳しい内容をふくんでいた。親などの、大人の立場からは見えないものをさくらちゃんは見て、それを求めているのだろう。さくらちゃんは、自分のことをわかってほしいと必死にうったえている。さくらちゃんは「わたしがいないほうがしあわせ？」と言う。さくらちゃんに、さくらちゃんのために、本当に必要なものは何だろう。

子どもを育てるということ

子どもを育てるというのは責任重大だ。人ひとりの運命を左右してしまうからだ。育てたように子どもは育つ。その子どもが生まれながらにもっている性質というのは、実はその子の幸不幸にあまり関係がない。どう育てられるかが問題なのだ。宿命というものがあるとするなら、それはもって生まれる能力や性質ではない。宿命とは、どんな親の元に生まれてくるかだ。その親にどんな育てられ方をし、どんなものの見方や考え方を身につけさせられるかだ。よい親の元に生まれたら、充実した幸せなよい一生をおくることができる。けれども、子どもをうまく育てられない親の元に生まれた子どもは、一生生きづらさをかかえたまま苦しむ。私の母は「この世は苦の娑婆《しゃば》」と言った。苦労するのがあたりまえだというのだ。すると恐ろしいことに、私の人生は苦労ばかりになった。

子どもを育てる際、血のつながりがあるかないかというのは本質的な問題ではないと思う。私のように、血のつながった親子の間にも問題は当然発生するし、血がつながっているからこそ解決が難しいということも多々ある。家族の中で問題が発生したとき、そして、もしもその家族が血縁によって結ばれていない家族だったりとすると、問題の原因は血のつながりのなさなのではないかと考えられがちだ。けれども、血のつながらない家族は、血がつながっていないからこそ、家族とは何か、家族はどうあるのが幸せなのかと問い続け、結局よい家族になっていくということもあるのではないだろうか。

さくらちゃんと知り合ってから、私はテレビで偶然、養子を迎えて暮らす一家のドキュメンタリー番組を見た。ＮＨＫで放映された、「カノン～家族のしらべ～」（二〇一八年）だ。そこの家にいたのも女の子だった。さくらちゃんよりは少し年上の、当時十七～十八歳のしおりちゃんだ。しおりちゃんは二歳の時にその家にやってきた。

しおりちゃんのお父さんは堅実そうな人で、地域の里子や養子の家族会にも積極的に参加している。お母さんは穏やかな笑顔が印象的な人で、家族にいつもおいしい料理を作ってくれる。しおりちゃんも「お母さんってどんな人？」と聞かれ、「お母さん。ザ・お母さんみたいな」とうれしそうに答えている。一家は毎年しおりちゃんの誕生日にケーキを買って、盛大にお祝いをする。

一家の様子がおかしくなっていったのは、しおりちゃんがお父さんと勉強のことで対立することが多くなりだしてからだ。お父さんは自分もそうしてきたからか、しおりちゃんにも、学校では成績上位を保つよう求めたのだ。一方しおりちゃんは、高校二年まで成績はトップクラスだったけれど、三年生になってからは、成績上位クラスではなく下位クラスに入りたいと思っていた。それなのに、お父さんは上位クラスに入っていないといけないと言ったのだ。

しおりちゃんはプレッシャーを感じ、お父さんとしおりちゃんの思惑《おもわく》はだんだん食い違っていった。しおりちゃんは、「自分のことだから自分で決めたいのに、理解してくれないからやだなあって思って、それでやっぱ普通の実の子と養子縁組でもらわれた子とはなんか違うのかなあみたいな感じ、たま〜に思います」と寂しそうに言っていた。

夏前、大学受験を来年にひかえて、しおりちゃんの帰宅時間は遅くなっていた。業を煮やしたお父さんは、しおりちゃんと大げんかをし、「出て行ってくれ！」と言ってしまった。それ以後、しおりちゃんは家に帰ってこなくなった。

しおりちゃんは一ヵ月以上帰ってこなかったが、夏休みの終わりごろにお母さんが探しに行って、ついに家に帰ることになった。しおりちゃんは彼氏のところにいたのだ。しおりちゃんの彼氏のパンパスくんは、日本生まれタイ国籍の十八歳。もう独立していて、土木現場で働いている。しおりちゃんはそんなパンパスくんの助言もあって、家に帰ることにした。

パンパスくんも複雑な生い立ちだ。パンパスくんのお父さんはパンパスくんが物心つく前にタイに強制送還され、以来パンパスくんは一度もお父さんに会っていない。お母さんもタイ人だが、日本人と再婚し、パンパスくんは実家にいづらくなって、中学卒業と同時に家を出たという。

そんなパンパスくんは、しおりちゃんのよい相談相手だったようだ。実はしおりちゃんがお父さんとけんかをしたとき、お父さんはしおりちゃんの実のお母さんのことをしおりちゃんに話していた。実のお母さんは、しおりちゃんが生まれてすぐに、しおりちゃんを施設に預けていた。しおりちゃんのことを、実のお母さんは育てる気がまったくなかったのだ。しおりちゃんにとってはとてもショックな事実だ。パンパスくんは大泣きをするしおりちゃんに寄り添っていたのだ。

お父さんは、「状況が猫の目のように変わる」と言っていたが、秋、しおりちゃんの妊娠がわかる。そしてそこから一家はまた変わっていく。

パンパスくんも言っていたが、何もかもがびっくりだ。しおりちゃんのお父さんとお母さんは、しおりちゃんに、子どもを産むことをすすめたのだ。しおりちゃんは十八歳、まだ高校生だ。これから大学に行かなければならない。けれどもお父さんは、自分たちが欲しいと思っても手に入れることができなかったものだから、子どもができたら産みなさいと以前から言っていたというのだ。

さらに、パンパスくん本人も「受け入れてくれるわけないだろうな」と思っていたから「びっくりした」と言っていたが、お父さんとお母さんは、パンパスくんをとがめてしおりちゃんと別れさせるどころか、家に迎え入れたのだ。お父さんに、「じゃあパンパス君がこっちに住めばいいんだよ」と言われ、パンパスくんも一時は戸惑ったものの、経済的な事情もあるので、結局すなおに従った。一家はパンパスくんを入れて四人になった。

しおりちゃんのお父さんやお母さんが言っていたが、パンパスくんがいると、しおりちゃんが落ち着いているのだそうだ。しおりちゃんは家にも早く帰り、早く寝るようになって、両親の話もよく聞くようになったという。パンパスくんはお母さんにお弁当を作ってもらって、お母さんの運転する車で駅まで送ってもらって、しおりちゃんの家から仕事に出かける。しおりちゃんもパンパスくんも、お父さんとお母さんには「ありがとうしかない」、「感謝しかない」と言っている。

春、しおりちゃんは志望の大学に合格し、入学式に出席したあと、子どもを産んだ。一家は五人になったのだ。しおりちゃんは一年間休学したのち復学して、保育士を目指すという。自分のように親が育てられなくて施設で暮らす子どもの世話をしたいのだそうだ。しおりちゃんは、お父さんとお母さんが自分にしてくれること、言ってくれることは、苦言もふくめて愛情だと思っていると言っている。また、血のつながりがあるとかないとかは関係ないとも言っている。しおりちゃんは、実のお母さんに育ててもらえなかったこと、お父さんと対立して家出したこと、そのほかこれまでにあったことについて、「それがあったから、今こうなってるわけだし」と言って、すべてを受け容れている。

お父さんは、「どうなるかわかりませんけどね」と言う。お父さんにもさまざまな葛藤はあるという。けれども、お父さんはしおりちゃんとパンパスくん二人の様子を見て、「自分が望んでる家庭を作ろうとしているんだなというのは感じた」と言って、「世間一般からすると早いとかどうするのとか色々あると思うけど、考え方や見方を変えれば決してあの二人は間違っちゃいないかも」、「何が正しいのかなんて誰にもわからないと思う」とも言っている。そして、「勝手に舵取りを私はしないで、本人たちが自分たちで一番いいところを見つけるのをただ見てるのが一番いいのかな」と思っていると言うのだ。

一方お母さんは、「形を変えながら変わっていくのが家族」だと思うと言う。そして「私はただうちにいて、ご飯を作って、帰って来た人の「ただいま」と「ごちそうさま」を聞ければそれで幸せなので、そういう生活が続いていくといいなあと思いますね」といつもより一層穏やかな笑顔でそう言うのだ。

しおりちゃんのお父さんは、自分がいいと思うやり方をしおりちゃんに押し付けるのをやめた。しおりちゃんたちのことをよく見て、よく理解して、二人のことを信じることができるようになったのだ。お父さんが自分たちのことを理解してくれるようになって、しおりちゃんももうお父さんに反抗する理由がなくなった。二人の間で、どうしていいかわからず立ちすくんでいたお母さんも、安堵《あんど》の胸をなでおろすことができたようだ。

かつてしおりちゃんがお父さんとお母さんのいる家に何かをもたらしてくれたように、一家にはまた、しおりちゃんとパンパスくんの赤ちゃんが何かをもたらしてくれているようだ。画面の中の一家はとても幸せそうに見える。

一家はお互いを受け容れている。そこに批判や排除はない。お互いに対して、「YES」と言い合っているのだ。お互いに対して、「そうだ、それでいい」と言い合っている。お父さんのしおりちゃんとパンパスくんの生き方を尊重する態度、お母さんの家族の存在自体を喜ぶ姿勢、しおりちゃんとパンパスくんのお父さんとお母さんへの感謝、それらのすべてが相手を肯定している。一家の中の空気には、「NO」という否定的なものがない。「YES」、「YES」、「YES」、一家の中には肯定が、つまり愛があるのだ。

番組の中では象徴的に、ケーキを囲んで家族の誕生日を祝う場面が何度も出てくる。誕生祝いをするということは、その家族が生まれてきてくれたことに感謝をするということだ。生まれてきてくれて、自分たちといっしょに毎日を過ごしてくれて、本当にありがとうと言っていることなのだ。誕生祝いをするということは、その家族の存在を根本で肯定しているということだ。つまり、愛しているということなのだ。

番組の中でしおりちゃんが言っているように、家族の間に血のつながりがあるかないかは関係ないだろう。親子の間に血のつながりがあるかないかというのも本質的な問題ではない。問題は、親が子どもをどう育てるかだ。子どもは立場上一貫して常に受け身なので、責任は親の側にある。親子問題というのは、親の問題なのだ。

それでは、親はどう子どもを育てたらよいのだろうか。

「カノン」のしおりちゃんとお父さんの場合を例に考えてみよう。

お父さんとしおりちゃんとの間で雲行きがあやしくなっていったのは、しおりちゃんが高校三年生になって、進路のことを考えなければならなくなった時期だ。番組の中のしおりちゃんのセリフからは、しおりちゃんが、自分はそんなにガツガツと勉強しなくてもよいと思っていたことがわかる。

ところがお父さんは違った。お父さんは、しおりちゃんが勉強して、学校で上位のクラスに入っていなければいけないと言ったのだ。お父さんはしおりちゃんに家庭教師までつけて勉強させる。

しおりちゃんは、お父さんが頭がいいからプレッシャーを感じるというようなことを言っていた。お父さんはおそらく自分の経験から、勉強はしなくてはいけないもの、成績はよくないといけないものと思っていたのだろう。だから、しおりちゃんにも、その価値観を押し付けてしまっていたのだ。お父さんはしおりちゃんの考え方を否定した。すると、家出という形で、反対にしおりちゃんからその考えを否定されてしまった。否定には否定、やったことにふさわしいことが返ってくるのだ。

子どもにとって、何が一番いいのかなどということは、たとえ親でもわからないのではないだろうか。もちろん、経験の少ない子ども自身にもそれはわからないのに違いない。番組の最後にお父さんが言っていたように、「何が正しいのかなんて誰にもわからない」というのが事実だろう。

けれども、私たちは生きていかなければならない。どちらかの方向へと歩いていかなければならない。状況を見極めて道を選択し、決断しないといけないのだ。

番組の中のお父さんのセリフでは「舵取り」だったが、親が「勝手に」子どもの「舵取り」をしようとすると子どもは反発するだろう。しおりちゃんではないけれど、子どもは「自分のことだから自分で決めたい」からだ。それでは、経験が少なく、危うい判断しかできない子どもをどうしたらよりよい方向へ導いていけるのか。

しおりちゃんのお父さんが言うように、「何が正しいのかなんて誰にもわからない」。だから、親も一度自分の先入観を一切捨てて、ゼロから考えたほうがよいだろう。そしてまず、子どもの気持ちを受けとめることだ。決断には不安がつきものだ。もし子どもが不安を感じているのなら、その気持ちを理解し、共感をしめすとよいだろう。

子どもはだれかに共感してほしいと願っている。自分の気持ちをわかってもらいたいと思っている。だからまず、子どもに信頼してもらうためにも、子どもの気持ちに本気で寄り添うことが必要だ。子どもは嘘を見抜くので、そのときは表面上共感してみせるというのではなく、本心から共感するのでなくてはいけない。

何がその子どもにとって一番いいのかなどということを、はじめからわかっている人はいない。結果が出てはじめて失敗だったと思ったり、これでよかったと思えたりする場合がほとんどだ。親はとかく、子どもにとって一番いいことは自分が知っているなどと思いがちだが、それは思い上がりというものだ。未来のことなどだれにもわからない。その子どもの未来を保証することは、たとえ親でもできるはずがないのだ。だから親は、ゆめゆめ自分の価値観を子どもに押し付けてはならない。

説得ではなく対話を

親は、子どもといっしょに進む方向を探すという覚悟がいるだろう。ではどうやってその道を探すのか。その方法は、対話しかないのではないだろうか。親と子がそれぞれ、自分の気持ちと考えを言葉にして話し合い、考えを深め、その話し合いの中からよりよい答えを探していくのだ。対話は対話であって、けっして説得であってはいけない。自分の意見は一貫して変えず、相手を論理で言い負かして自分の意見に従わせるというディベートなどであっては絶対にいけないのだ。

ディベートが相手を論破するための方法だとすると、対話は相手といっしょに答えを見つける作業だと言えるだろう。対話においては、それぞれの意見が変わってもよいのだ。ディベートが硬直した話し合いだとすると、対話には動きがある。ディベートが話し合いとして死んでいるとしたら、対話は生きている。対話の内容は生きているから、刻々と変化し続けるのだ。

ディベートはまた相手の感情を考慮しない。相手がどう思おうと、どんな気持ちになろうと、自分の主張を押し通すのがディベートだ。ところが対話は、相手の存在のすべてに配慮しながら行われなければならない。相手の思惑《おもわく》、相手の気持ち、相手の立場、場合によっては相手の体調まで気遣わないといけないのだ。

対話は対等な関係の相手同士で行われなければならない。親子であろうと、教師と生徒であろうと、お互いに相手を尊重しないといけない。対話の場では両者は対等な関係なのだ。親が子どもに、教師が生徒に一方的に考えを押し付け、説得しようとしてはいけない。なぜならば、そんなことをすれば、絶対によい結果にはならないからだ。

親子の話し合いが、ディベートではなく対話でなければならないのはあきらかだろう。

気持ちの表現と言葉の役割

人間にとって、自分の気持ちや考えを言葉にするということはとても大切なことだ。人間は自分一人で生きていくということができない。人間はお互い、助け合い、補い合って生きていくしかない。自分を生かしたいと思ったら、相手も生かさないといけないのだ。だから自分を生かすために、また相手を生かすために、自分の気持ちを伝え、考えを伝えて、自分以外の人に自分のことを配慮してもらい、自分も相手の気持ちや考えを聞いて、相手のことを配慮しないといけない。

言葉は大きな役割をはたす。ぼんやりとした気持ちやぼんやりとした考えは、そのままでは相手に伝わらない。それらは言葉にされてはじめて相手に伝わり、理解してもらえるのだ。だから、たとえ子どもといえども、発言をうながして、自分のことを言葉で表現してもらうようにするとよいだろう。

まだ言葉を覚えたてで、言葉で自分のことを伝えられない子どもの場合も、なんらかの形で自分のことを表現してもらうといい。たとえば絵を描いてもらうとか、踊ってもらうとか、いろいろ方法はあるだろう。

赤ん坊が泣いて自分の欲求を伝えるように、泣いたり笑ったりも充分その子どもの気持ちを伝えてくれる。

以前私は、当時三歳の子どもと二人で留守番をしたことがあった。その子のお母さんは出かける直前、言いつけに従わないその子に腹を立てて、怒ったまま外出した。お母さんがいなくなってその子は泣き出した。怒りと悲しみの入り混じったすさまじい泣き声をたてて、私の胸をこぶしでたたきながらその子は泣いていた。私は「悲しいねえ」と言いながら、その子のそばでその子が泣き止むのを待った。

どのくらいたっただろうか、ついにその子は泣き止んだ。静かになって、コツンと自分の頭を私の胸にあててきたのだ。私はその子の背中に腕を回して、そうっと抱き寄せた。「なんてかわいいんだろう」と思いながら、私が「ママと仲直りして、ママといっしょに遊びたかったねえ」と言うと、その子はコクンとうなずいたのだ。子どもは自分の気持ちを言葉にできなくても、大人の言葉は理解する。

子どもには自分を表現してもらうことだ。どういう形でもよいから、子どもに自分のことを表現してもらう。自分のことを表現して、理解してもらえたと思ったら、子どもは満足する。そして次の段階に進めるのだ。大泣きしていた子どもも、自分の気持ちを表現して、私にわかってもらえたと思ったら気がすんだのだ。そのときのその子の次の言葉は、「いっしょに外で遊ぼ」だった。

どんなに幼くとも、子どもを一人の人間として扱うことが大事なのではないだろうか。どんなに小さな子どもでも、自分の意志があり感情がある。その意志や感情を無視して、一方的に大人の都合を押し付けるわけにはいかないのだ。まず子どもを理解することだ。そして子どもの気持ちに寄り添って、いっしょに考えることだ。

もちろんそれは簡単なことではない。手間も暇もかかる。親の側にもそうとうなエネルギーが必要だ。それでも、そのようなやり方のほうが、結果的に早いのではないかと私は思う。「カノン」のお父さんも言っていたように、お父さんがいきなりしおりちゃんを叱責《しっせき》してしまったので、かえって家出などという遠回りをすることになったのではないか。お父さんは、しおりちゃんの帰りが遅くても、我慢して見守っていればよかったかもしれないと言っている。

子どもの挑戦にはげましを

しおりちゃんとお父さんたちは一つの試練を乗り越えて、新たなステップへと進んだ。お父さんとお母さんは、しおりちゃんを一人の人間として理解し尊重することにしたのだ。お父さんとお母さんはしおりちゃんのことを信じて、しおりちゃんたちが幸せになれるように、全面的に応援してくれている。しおりちゃんとパンパスくんは、お父さんとお母さんの有形無形のはげましを受けて、自分たちの望むよい家庭をつくることに専念できているのだ。

私はしおりちゃんのことを心底うらやましいと思う。なぜなら、私が子どものころから切望していたのが、この親からのはげましだからだ。残念ながら、私の親は私のことを理解しようなどとまったく思わないような人たちだった。とくに母は、私の気持ちなど考えてくれたこともなかった。だから当然のように、私をはげましてくれることもなかった。私はいつも何かをするときには不安だった。自分にはできるのだろうか、できないのではないだろうかと心配ばかりしていた。そして、不安に思うあまり緊張して、失敗ばかりしていた。私は本来の能力を発揮できていなかったと思う。

子どもを育てるにあたって大事なことの一つが、このはげましであると私は思う。子どもにとって生きることは挑戦の連続だ。子どもにとっては何もかもが新しい経験だからだ。そして、やったことのないことに挑戦するときは不安になる。その不安を子どもは軽くしてもらいたいのだ。自信をもって挑戦したほうが成功する確率も上がる。子どもに成功してほしいなら、子どもの能力を認めたうえで、温かくはげますといい。

「やりたいならやってごらん。できるかもしれないよ。たとえできなかったとしても、きっと何かが残るよ」

こんな言葉で私は親にはげましてもらいたかった。もし、私が子どものころに親にはげましてもらえていたら、もっと早い時期に何かができていたことだろう。

子どもを育てるということは、ものを食べさせて、ただその体を大きくすることではない。その子どもを、一人で生きていけるようにすることだ。その子どもを自立させることだ。自分で自分の問題の解決ができるようにすることだ。自分でできることは自分でし、必要なときにはだれかに助けを求めることができるようにすることだ。

そのために親ができることは、まず子どもを一人の人間として尊重することだ。子どもの人生は子どものものだと肝に銘じることだ。子どもの存在と自分の間にキッチリと線を引いておくことだ。

そのうえで、親子で対話して、親は子どもを理解し、気持ちに寄り添い、いっしょに考える。そして方針が定まったら、挑戦する子どもをはげましてやることだ。親は子どもに一方的な考えを押し付け、支配してはいけない。子どもの人生は子どものものだから、依存してもされてもいけないのだ。

子どもが自立して幸せになったら、親も幸せになれる。それぞれが自立した人として付き合えば、人としてよい付き合いができ、本当の意味でよい親子関係を築くことができるからだ。

「生きていける人間」になる

さくら、なぜその名前になったのかわからない。

本当のたんじょうびがわからない。

本当の親にもあったことがない。

なぜなら私は、すて子だったから。

でも、今は、親がいる。かぞくがいる。

それは、私にとって、言葉であらわせないぐらいうれしいことだ。

でも、つらい気持ちはのこっているから、親にめいわくをかけていると思う。

だけど、私は、親が、かぞくがいたからこそ、今の私があるんだと思う。

私は、親が思っている、「生きていける人間になる」ことをがんばりたい。

「そう、それでいいんだよ、さくらちゃん。生きていける人間になろうね」と私は言いたい。「さくらちゃん、本当にいろいろなことを表現できるようになったね」、と私は心から感心している。

さくらちゃんがこのようなメモを書くようになったのは、ここ最近のことだ。読んだり書いたりすることの嫌いなさくらちゃんが、このようなものを積極的に書くことはこれまでほとんどなかった。だから私はこのメモを見た時、さくらちゃんの変化を、いや、さくらちゃんの進歩を見た思いがした。

前にもあげたさくらちゃんのメモを見てもわかるように、さくらちゃんは自分のことを客観的に見ることができている。自分のことを言葉にして表現することによって、自分の状態や気持ちをあらためて確認することができているのだ。さらに、さくらちゃんのメモは、さくらちゃん自身のことを的確に表現している。そしてメモは、読んでとても理解しやすい。さくらちゃんのメモは、きちんと理屈がとおっているのだ。

私はそう思ったから、さくらちゃんにそのとおりに伝えた。「さくらちゃん、これはすばらしいよ！　さくらちゃんの言いたいことがよくわかるよ。さくらちゃんにはいろいろなことができるんだよ。さくらちゃんは自分が思っているより、もっとたくさんのことができるよ」と私は言った。さくらちゃんは恥ずかしそうにしていた。

さくらちゃんはメモを書くだけではなく、自分のことを直接話してくれるようにもなってきた。以前は質問しても、「わからない」とくり返すばかりだった。お母さんが先へ先へと気を回して、「こうしたほうがいいんじゃないの？　ああしたほうがいいんじゃないの？」と言っても、「わからない」をくり返した。「考えたくない」と言われたこともある。「考えるのは怖い」

と言っていたこともある。

さくらちゃんは、もちろん、今でもなかなか話し始めない。「難しくてわからない」とも言う。けれども、根気強く待っていると、ポツポツと話し始めてくれる。

LDのある子と学校

この間は、さくらちゃんは学校での辛い出来事について話してくれた。

さくらちゃんはLD（学習障害）をもっているから、学校の授業では困ったことがたびたび起こる。音読することが苦手なので、国語の時間に指名されることはない。先生はさくらちゃんを飛ばしてほかの子を指名するのだが、そうなると、そのことでほかの子たちから陰で何か言われるようになった。またある時社会の授業では、さくらちゃんは、教科書のどこをやっているのかがわからなくなった。そこで先生の質問に想像で答えたら、内容に合っていなかったらしく、クラスの子たちにクスクスと笑われた。学校ではそのほかにも肩身のせまい思いをすることがいろいろあって、そのたびにさくらちゃんは辛い気持ちになったのだそうだ。同じようなことは小学校でも中学校でもあったという。さくらちゃんは、涙を流しながら語った。

さくらちゃんに、「さくらちゃんの気持ちを聞かせてほしい」と言うと、「楽しいとかうれしいとかの簡単な気持ちだったら言えるけど、複雑な気持ちは言えない」と言われた。けれどもさくらちゃんは、その複雑な気持ちについて、その時の状況もまじえて、きちんと説明できているのだ。学校で経験した辛い出来事とその時の自分の気持ちについて、とてもわかりやすく話してくれたのだ。

さくらちゃんは、さくらちゃんの話を否定せず、最後まで聞いてくれる人を求めていた。さくらちゃんは、さくらちゃんの言い分をきちんと聞いてくれる人がいれば、自分のことを人に話してもよいのだと思えるようになる。私は、さくらちゃんの話をさえぎることなく、うなずきながらひたすら傾聴することを心がけた。

さくらちゃんは、「私は人が自分のことをどう思うかってことを気にする癖がある」と言う。「ほかの人がどう思っても気にしなきゃいいのに、気になる」と言うのだ。「自分がいいと思ってればそれでいいのに、そう思えない。自分がどう思うかじゃなくて、人がどう思うかってことを気にしちゃう。どうしても人の目が気になる」と言う。さくらちゃんは自分に自信がない。自分で自分を肯定することができないのだ。

さくらちゃんは、「自分は、人が自分のことをどう思うかってことを気にする癖がある」と言った。私は、「そうなんだ、そういう癖があるんだねえ。でも、癖は直せるよ」と答えた。

さくらちゃんは、本当に自分のことがよくわかっている。自分のことがわかれば、どうすればいいかもわかるはずだ。驚くべきことに、さくらちゃんは最後に、これから自分はどうしていきたいかということまで話してくれた。

「私は、これからは自分をほめていきたい。何かができたら、自分をほめてあげたい。できなかったことは数えない。できたことを数える」

「私ができてないって思ってることでも、お母さんや先生ができてるって言ってくれることはできてるって思うようにする。お母さんや先生が私にはできるって言ってくれることがあるから、そういうことは、自分にはできるって思うようにする」

「イヤなことは考えない。イヤなことを考えるとイヤな気持ちになって、何かができなくなるから、イヤなことは考えない。いいこと、楽しいこと、うれしいことだけを考える。悪いことは数えない。いいことを数える」

さくらちゃんははっきりそう言った。「そう、それでいい。そうだよ、さくらちゃん、それでいいんだよ」と私は深くうなずいた。

自分を肯定する

さくらちゃんは肯定することを始めようとしている。自分を、それから物事を、肯定することを実践しようとしているのだ。さくらちゃんは、愛することを始めようとしている。さくらちゃんは、自分のことを、そして世界のことと生きることを愛し始めようとしているのだ。

さくらちゃんの人生は否定されることから始まった。そしてやがてさくらちゃん自身も、自分をはじめ、あらゆることを否定するようになってしまった。さくらちゃんは愛せなくなった子どもだったのだ。さくらちゃんは、自分を否定し、世界を否定し、生きることまで否定したがっていた。さくらちゃんのこれまでの毎日は辛いものだった。でも今、さくらちゃんは変わろうとしている。

さくらちゃんがどうしてこのようなことを言いだしたのかはわからない。もしかしたら、私との対話の中で、私が言ったことを覚えてくれていたのかもしれない。さくらちゃんが言った、自分や物事を肯定するための方法は、私が自分の人生を立て直そうとして実践してきたものだ。私はさくらちゃんにどこかでそう言っていたのではないだろうか。

さくらちゃんは今、自分の土台作りに取り組んでいる。土台がしっかりとしていなければ、その上にどんなりっぱな建物を建てても、いつか崩れ落ちてしまうだろう。しっかりとした土台の上に人生を築いていないため、私生活がボロボロになっている人たちを私は知っている。生きることの土台とは、自分で自分を肯定することだ。自分を肯定し、世界を肯定することだ。

生きるために、よりよく生きるために、さくらちゃんは自分を肯定しようとしている。自分を肯定していなければ、生きることが苦痛になってしまうからだ。自分を肯定する、つまりは愛することができるようになることは、幸せに生きるためのもっとも根本的な条件なのだ。

さくらちゃんのために大人ができることはなんだろう。

さくらちゃんのお母さんは、さくらちゃんがいずれ自立できるようにと、療育の機会を求め、また、さくらちゃんのまわりにある生きるための条件をより好ましいものにしようと毎日東奔西走している。けれども、学びや、さくらちゃんの外側にある条件を整えるだけではなく、さくらちゃんの内側を変えることも必要なのではないだろうか。さくらちゃんは、せっかく自立のための学びの機会をあたえられても、しり込みしてしまうことが多かった。学びと環境ももちろん大事だが、まずは、さくらちゃんの気持ちをしっかり整えるとよいのではないだろうか。さくらちゃん自身が、よりよく生きようという気持ちにならなければ、どんな努力も積極的にしようとはしないだろう。

自分が変われば世界が変わる

相手が変わればうまくいくと思っている人がいる。また、自分の外側の環境が変われば人生が変わると思っている人がいる。けれどもそれは間違いだ。実際は、自分自身が変わらなければ何も変わらないのだ。自分以外の人やものが変われば人生は変わると考えている人は、相手や環境を変えても、また同じことをくり返すだけだ。人生を変えたければ、まず自分が変わらなければいけない。自分の、しかももっとも根本的な、根っこの部分から変わらなければいけないのだ。

自分が変わるから、相手を変える必要がでてくる。自分が変わるから、環境を変えざるをえなくなるのだ。その順番を間違っている人のなんと多いことか。

さくらちゃんの場合も、さくらちゃん自身が変われば、必然的にまわりのものも変わっていくだろう。発達障害という特性は生涯変わらなくても、それをもっている人の感情は変わる。そして気持ちが変われば性格も変わっていくのだ。大人は、変わっていくさくらちゃんが本当に必要とするものを、そのつど調達すればいいだけなのではないだろうか。

大人が子どもの人生の舵取りをすることは失敗に終わることのほうが多い。それよりも、子どもの人生は子どもに返して、子ども自身にまかせたほうがいい。私はどんな子どももそれぞれ生きていく能力をもって生まれてきていると信じている。子どもが自分の人生を自分のものにしたときは強い。子どもが自ら生きようと思ったときには、もてる力を存分に発揮するだろう。生まれ落ちるときには、子どもはみんな生きる力をもっているのだ。

生きる力とは、生きることを楽しむことのできる力のことだ。生きることに「ＹＥＳ」と言うことのできる力だ。生きることを愛せる力のことだ。生きることを愛するためには、この世界の多くのものに対して「ＹＥＳ」と言えなければならない。自分に対して「ＹＥＳ」、自分を取り囲む物事に対してもまた、「ＹＥＳ」と言えなければならない。そしてそのように自分と世界を愛することができたとき、子どもは本来の自分になって、誇らしく、ほかのだれのものでもない自分だけの人生を歩んでいくことができるだろう。

さくらちゃんは今、自分を、そして世界を愛そうとしている。私にはさくらちゃんが、「生きていける人間」になろうとしているように思える。そんなさくらちゃんを見ていると、私たち大人は、ときおりさくらちゃんの話を聞きながら、ただ見守っていればよいのではないかと思うのだ。

＊　さくらちゃんについて

さくらちゃんの話は、現実に、自分を肯定できずに苦しんでいる子どもたちの心情と様子を、一人の女の子の物語として、設定やそのほかにフィクションをまじえて表現したものです。

二、自分を愛せない人たち

自分を愛せなくなった人たちは、大人も子どもも、自分がまず不幸になって、次に人を不幸にする。この章では、自分を愛することができずに、不幸になってしまっている人たちのことを取り上げる。

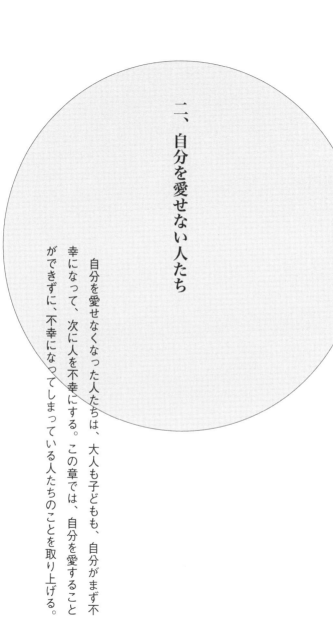

「ほめて」ほしがる人たち

ＳＮＳ（ソーシャルネットワーキングサービス）上には今日も、おびただしい数の人たちの「私を見て！」「私を認めて！」という声があふれている。一昔前には考えられなかったことだが、今は、だれでも簡単に不特定多数の人たちに対して自分をアピールすることができるのだ。ツイッター、フェイスブック、インスタグラム、ブログなど、どれか一つは自分もやっているという人が大半ではないだろうか。

フェイスブックの大成功について、「あれは人間の本性に合っているから成功しないはずはなかった」と言っている人がいた。その人によれば、人間はみんな、人に注目されたい、だれかに認められたいと強く思っているから、自分を表現できる場があれば、かならず自分自身のことを発信しだすというのだ。

本当だろうか。本当に人間はみんな、注目されたい、認められたいと思っているのだろうか。そして、それは本当に、人間の本性なのだろうか。

フェイスブックが流行りだしてまもなく、私も人からすすめられて始めた。ところが、もともとまめな性格ではない上、機器の操作に疎《うと》い私のこと、投稿は早々にとどこおってしまった。けれども、友人たちがフェイスブックの連絡機能を使っているため、ときどき覗《のぞ》かないわけにはいかない。間遠《まどお》になりながらもフェイスブックにログインする。すると、私の友人ということになっている人たちの、これまたおびただしい情報の洪水にさらされ、「いいね！」を求められることになるのだ。

こまめに自分の情報を発信する人たちに感心しながら、そのような情報と承認欲求の海を目の前にして、正直、だんだんうんざりしてきてしまった。だれが、いつどこで、だれと、どこで何をしようと、私の生活に何か関係があるだろうか。このような情報を発信する人たちは、いったい何が目的なのだろうか。この人たちは、情報を見た人たちに、いったい何をしてほしいのだろうか。私には、そのような期待にこたえられる自信はなかった。私は人のフェイスブックの投稿をほとんど見たことがない。

フェイスブックを開けたときの心地悪さについて考えながら思い出すのは、だれかの自慢話を聞いているときの心地悪さだ。だれかが声高に自分の自慢話をしている。「ああ、この人はほめてほしいんだな」と思う。すると、意地の悪い気持ちがむくむくとわき上がって来て、「絶対にほめてやらない！」などと思ってしまう。なんと器の小さいことか。

ちょっとした仲間うちの集まりで、自分のことばかり話す人というのがかならずいる。カウンセラーをしている友人によると、集まった仲間がそれぞれ自分の話をし、お互いに認め合って、ナルシシズムを満足させるというのがそういう集まりの理想だというのだが、たいていはそうはならない。そのグループの中でもっとも押し出しの強い人が会話の中心となって自分の話をし、ほかのメンバーが相槌《あいづち》を打ったり、ほめたりするというパターンになる。

そしてそんな中で、もっともやっかいなのが、本当は自分の話をしてほめられたいのに、ストレートに自慢ができない人だ。そんな人は、自慢したいのにできないという不満をかかえて時間を過ごす。当然楽しそうではないし、どことなく不機嫌そうだ。

ストレートに自慢ができない理由はさまざまだろう。私の場合は、自慢話をすること自体が、あんまりみっともよろしくないと思い込んでいたからだ。もしかしたら、謙遜は美徳という固定観念に縛られてのことかもしれない。あるいは、自分の話を聞いてもらわなくても私は平気という余裕を演じていたのかもしれない。だから、集まりの中ではなるべく聞き役に徹することを心がけていた。

仲間の中に、私と同じように集まりの中で、自分からすすんで自分のことを話さない人がいた。けれども、その人は、自分のことを聞いてほしくないわけではなかったようだ。ある時その人は、めずらしく自慢話をした。それは海外旅行の時のちょっとした冒険譚《たん》だった。聞いていた人たちはうなずいてはいたが、いっこうにほめない。「それはすごいね！」とだれ一人として言わない。するとその人は、何度も何度も同じ話をくり返したのだ。

ほめられたい人たちは、人をほめるのが苦手だ。自分がほめてほしいくせに、人をほめない。

自分をほめてほしいと強く思っている人ほど、人のことをほめない。ほめるどころかこき下ろすことさえある。あれもこれも自分の手柄だと言いつのっては、ほめ言葉を待つ。そして、人の自慢話を聞いていることができない。前にあげた、自分の冒険譚をほめてもらえなかった人もそのような人の一人だ。会話の中で成り行き上、私が自慢話をするようなかっこうになってしまったとき、彼女は、突然、まったく違う話題を割り込ませ、私にそれ以上話をさせないようにしたということがある。

どうしてほめられたいのか?

前にも言ったように、私は人間の器が小さいので、自分の自慢話をする人をすなおにほめちぎるようなことはあまりしない。もっとも、最近はほめられたい人の心のメカニズムを理解できるようになり、自慢話をすなおに聞けることも多くなってきている。では、どうしてほめられたい人の気持ちがわかるようになったのか。それは、自分の中にも同じ気持ちがあることに気づいたからだ。

人間は、自分の中にある嫌な部分というのを自分以外の人の中に見たとき、はげしい嫌悪感をもつという。自分の中にある嫌なところを相手に投影して、それを嫌うのだ。自分が嫌うその嫌な性質を、もしも自分がもっていなかったら、相手の中にそのようなものを見つけても気にはならないということだ。

だから、「あの人はケチだ」と言う人は、その人自身がケチである可能性が高い。同じように、「人の自慢話を聞くのが苦痛」という人は、実は自分自身が本当は自慢したい人なのだ。私もその一人である。

私が自慢したい人になったのは、やはり、ほめられたいからだ。ではなぜ私は、ほめられたい人になったのか。

私は自分の親、とくに母親にほめられたことがない。母が私をほめたという記憶がほとんどない。いい年をしていまさら母親をもち出すなんて、子どもでもあるまいしと言われそうである。けれども、私は、いまさら母にほめてほしいと思って言っているわけではない。母が私をほめて育てなかったことが、私をほめられたい人にしたのではないかと言っているのだ。私は生まれながらに、注目されたい、認められたい、ほめられたいと思う性質をもっていたというよりも、育てられる過程で、注目されたい、認められたい、ほめられたいと思う人間になったのではないかと思うのだ。

自分で言うのもなんだが、私は子どものころから、比較的学校の成績のよい優等生だった。もちろん、学校の先生に問題児扱いされることもなく、成績のほかにも、ほめるべき美点はあったのではないかと思う。ところが、母は、そんな私を一切ほめることがなかった。どんなにいい成績をとっても、なぜか、けっしてほめてはくれなかった。

このような母親は今も多いようだ。先日も中学生と話をしていたら、「どんなにいい成績をとっても、お母さんが私をほめてくれない」と言っていた。その子のお母さんは責任ある仕事を任されている人で、毎日忙しくしている。そしてお父さんに不満をぶつけたり、その子に八つ当たりしているというのだ。

私の母は、夫である父にさえ（あるいは、夫だからこそ）何も言うことのできない人だった。そこで、不満はすべて長女である私のところへ来た。何か自分の気分が悪くなることがあると、「おまえが悪いからだ」と私のせいになった。恐ろしいことに、私が長じてからもそれは変わることがなかった。

いつだったか、たまには外で贅沢な食事をしたいという両親のために、近くのフランス料理の店を予約したことがあった。その時予約時間までまだたっぷり時間があったので、映画でも観ようと私は提案した。そして三人で映画を観た。

映画館を出る時、なぜか母は怒っていた。「あの映画はダメ！　あの映画はダメ！　なぜダメだか今おしえてあげる！」と、激怒しているのだ。今であれば、「おしえてもらわなくてもけっこうです」とでも返しただろうが、その当時の私は問題の核心に気づいていなかったので、それまでのように従順に母の話を聞いてしまった。なんでも、映画に出て来たかわいそうな犬が、その昔、自分が保健所送りにした飼い犬のことを思い出させたそうで、そんな映画を彼女に観せた私が悪いということだった。

当時の私は、自分の本当の感情や意思というものが麻痺した状態だった。どんなことを言われても、母の話と気持ちを受け容れてやらなければならないと思い込んでいたので、なんの反論もしなかった。けれども、そんな話を聞いてやる必要はなかったのだと今はわかっている。

私の母は、私が何をしても何をしなくてもけっして私をほめなかった。それどころか、彼女のためによかれと思ってしたことまで非難された。このようなことが生まれてからずっとくり返されてきたのだ。私がほめられたい人になるのは当然ではないだろうか。

漠然とした印象ではあるが、日本人には人をほめるのが苦手な人が多いように思われる。とくに日本のお母さんは、まず子どもをほめない。それは謙遜という美徳とは関係がないだろう。

そしてそんなお母さんは、実際、子どもがどんなにりっぱな業績をあげても、けっしてほめることはないのだ。以前、とある著名な実業家がテレビで、お母さんがはじめて自分をほめてくれたと言って涙を流しているのを見たことがある。彼など、日本の最高学府を卒業し、事業を起こして有名になった人である。お母さんが子どもをほめるかほめないかというのは、その子どもがほめられるべきことをしたかしないかというのとは関係がない。子どもが何をしてもしなくても、そのようなお母さんは子どもをほめないのだ。

前にあげた、私の自慢話をさえぎった人も、お母さんにはあまりほめられていなかったようだ。彼女も、とてもりっぱに仕事をして、高収入を得ている類《たぐい》まれな人だ。けれども、お母さんは、お父さんの悪口を彼女に聞かせては、そんな彼女を味方に取り込んでいた。そのお母さんが亡くなった時、彼女は、「私を愛してくれた人がいなくなった」と言って悲しんでいたが、お母さんは娘を本当に愛していたのだろうか。

でもだからと言って、子どもをほめることのできないお母さんたちを責めるわけにはいかない。子どもをほめることのできないお母さんたちも、自分のお母さんにほめられたことのない子どもだったと思われるからだ。人間は、学んだことしかできない生きものだ。自分がほめられた経験がないと、人をほめることができない。そうやって代々、ほめない親とほめられない子どもの連鎖が続いて、世の中はほめてほしい人ばかりになり、今日もＳＮＳは大賑《にぎ》わいしている。

「自爆したい！」と言う子ども

子どもに勉強を教えようとしても、そもそもスタートラインにつけないということがよくある。こちらの指示に従ってくれないので、いつまでたっても勉強を始められないのだ。

もとより私のやり方は、一方的に知識を授け、子どもたちがそれをひたすら覚えていくというものではない。いっしょに学び、いっしょに考え、その子自身の結論を出してもらうという形だ。教えるというよりもむしろ、その子自身の考えを引き出すというやり方なのだ。けれども、それを子どもたちに理解してもらうのは難しい。勉強という体裁《ていさい》をとっているかぎり、拒否を決め込む子どもがかならずいる。

そんな子たちは、まわりのものをおもちゃにして遊んだり暴れまわったりして、とにかく勉強すること自体を拒否する。彼らにとって勉強とは、嫌なこと、やりたくないことなのだ。嫌なこと、やりたくないことをやらされることほど不愉快なことはない。だから、厳しく強制されないところではやらない。私が強く言わないことをいいことに、そんな子たちはなかなか勉強に参加してくれないのだ。

けれども、勉強とはそんなに嫌なものだろうか。何かを知ること、何かがわかることは楽しいことではないだろうか。勉強することを拒否する子は、そのような本来の勉強の楽しさを知らない。彼らにとって勉強とは、「嫌だけどやらなければならないこと」になってしまっている。彼らは自分からすすんで勉強することができないのだ。

勉強を強制しない私のもとで、そんな子どもたちは暴れまくって本性をあらわす。私としては、いずれ勉強に参加してもらいたいので、なぜその子たちがすなおに課題に取り組んでくれないのかを探るために、彼らの言い分をひたすら聞く。するとときどき恐ろしい言葉が返ってくる。

中でも一番驚いたのが、「自爆したい！」という言葉だった。その子は小学四年生の男の子で、中学生のお兄ちゃんと二歳年下の妹がいる。お母さんは明るく元気で、親しみやすい感じの人だ。これといって問題のある一家にはとても見えない。その子本人にしても、いたずらしたり暴れたりというのは単に子どもらしいと言ってしまえばそれまでだ。けれども話しているうちにその子は意外なことを言い始め、あげくに「自爆したい！　あ、間違えた、自殺したい！」と言ったのだ。

子どもが「自殺したい」と言うのはやはり穏やかではない。「口先だけだ、本当に死ぬなんてことはない」と言う人もいるだろうし、その子が今すぐ自殺するとは私も思わない。けれども「自殺したい」と言葉にしたということは、その子の心の中には確かに、死んでしまいたいという気持ちがどこかにあるということなのだ。子どもが何の気なしに口にした言葉の中には、本音と大きな問題が潜んでいる。侮ってはいけない。これは大問題なのだ。

その子はどうやら、家でも学校でも「ダメ、ダメ、ダメ!」と言われ続けているようだ。確かにその子の振る舞いを見ていると、私も「ダメ、ダメ、ダメ!」と言いたくなる。本当に手に負えないのだ。だから、彼の両親や先生の気持ちはよくわかる。「無理もないなあ」と思う。

生まれた順番が運命を決める

けれどもその子にも言い分がある。彼は三人きょうだいの真ん中なのだが、妹とけんかをすると、いつも自分だけが怒られると言うのだ。彼は、「妹、じゃま」、「妹、いらない」と言っているが、私にも覚えがある。私は三姉妹の長女だが、子どものころ、きょうだいげんかをすると、かならず私が悪いということにされた。公平に判断してもらえるということはまったくなかったのだ。

もう何十年も前の話だが、いまだに忘れられないことがある。私たち姉妹はピアノを習っていて、毎年発表会に出た。発表会に出るとささやかな記念品がもらえるのだが、これが子ども心に普段は絶対買わないような贅沢なものに見えて、私はいつもそれを大切にしていた。その年は子ども時代のモーツァルトが楽譜を広げている小さな置物だった。それを、発表会には出なかった下の妹が欲しいと言ったのだ。発表会に出たのは自分だし、置物は気に入っていたので、私はどうしてもそれを妹にやることができなかった。拒んでいると妹は泣き出し、駆けつけた母は妹にやれと言う。それでも私が拒んでいると、母は私の手からその置物をひったくり、「こんなもの！」と言って、床に叩きつけて割ったのだ。モーツァルトは粉々になってしまった。

たかが安物の置物のことと言うなかれ。たかが子どものけんかと言うなかれ。そのとき私の心についた傷はその後もずっと癒えることはなかった。このような親と子どもとの小さなトラブルの数々が、その後の子どもの心のあり方を決めていく。自分のことや人のこと、それから世の中をどう見るかということを、子どもはこうした経験を通して作り上げていくのだ。私は、世の中は理不尽なもの、と思うようになってしまった。

きょうだいを育てるのは難しい。同じような話は今でもよく聞く。「妹は小さいからかわいいと言われて、何でも悪いのは私だということにされる」と中学生の女の子が怒りを込めて悔しそうに言っていた。その子は妹ととても仲が悪いのだそうだ。姉妹で助け合って生きていければよいのに、今のままではそんなことはできそうもない。

「自爆したい！」と言った子は、学校でも何か問題を起こして、あやうく退学になりそうになったそうだ。また家では、妹にちょっかいをだしてはお母さんに怒られ、お父さんには殴られることもあるそうだ。学校の対応も、お母さん、お父さんの対応も、「無理もないなあ」と思いながら、それでもやはり、その子が「自殺したい」と言うのはまわりの大人たちの責任で、それではいいことなど何もないと思う。

その子は自分のことを、「俺は思いやりがない。人のことなんて考えられない。優しくないんだよ」と言っていた。私は、それは最初からその子の言葉なのだろうかと思った。まわりの大人が言ったことをそのまま取り込んでしまったのではないだろうかと疑ったのだ。その子は、「俺は俺が嫌いなんだ」と自分で自分に怒り、自分を否定するようなことを言った。そして、「もう、何をするのもめんどうくさい。息をするのもめんどうくさい。生きているのもめんどうくさいんだ！」と言い、「自爆したい！　あ、間違えた、自殺したい！」と言ったのだ。

ここで言えることは、その子の人生はわずか十年そこらで、すでに否定ばかりになってしまっているということだ。「NO！　NO！　NO！」と言われ続け、まわりのものすべてに「NO！　NO！　NO！」と言い、自分に対しても「NO！　NO！　NO！」と言うようになってしまっている。その子に「何か好きなことや、楽しいことはないの？」と聞いてみても、「ない。ゲームしてるときくらい」と返ってきた。これでは積極的に勉強などしてはもらえない。

行動と人格の切り離し

子どものしつけ方は本当に難しい。大人の側にはそうとうな覚悟が必要だ。ただ言えることは、しつけをしながら、子どもの存在自体を否定してはいけないということだ。子どものすることと子どもの人格を切り離し、「それは悪いことだから、そのようなことをしてはいけない」と言わなければならない。悪いのはそのこと自体であって、それをやる子どもではない。ゆめゆめ、「そんなことをするあなたはいけない」と言ってはならないのだ。

ところがこれが難しい。世の中のほとんどの親はこれができていないのではないかと思う。だから自分を肯定できず、否定してしまうような子どもばかりが増えていくのだ。

おそらく親も、その親から同じように言われてきたのだろう。自分もそう言われてきたから、子どもにも「そんなことをするおまえが悪い」と言ってしまう。私の親もそんな親だった。私は「そういうことをしてはいけない」ではなく、「そういうことをするおまえが悪い」と言われ続け、自分を否定しながら生きるはめになってしまった。そして恐ろしいことに、心の中のどこかで「いっそ死んでしまいたい」といつも思っていたのだ。そう言えば、私も自分のことが嫌いだとよく言っていた。

怒りと攻撃性

自分で自分を肯定できない子どもは何をしても心から楽しめない。自分は悪い子だから、楽しむ資格がないと思ってしまうのだ。また、自分で自分を肯定できない子どもは、自分のことが信じられない。だから何をやってもうまくできる気がしない。何をやってもうまくできる気がしないのに、勉強する気になどなるだろうか。

「自爆したい！」と言った子どもは自分に対して攻撃的で自分の存在を否定したが、攻撃性が自分以外の人に向かう場合もある。

その子は小学六年生の男の子で、一人っ子だ。お母さんはとてもきちんとした人で、いつも礼儀正しい。その子もいたずらをしては私を手こずらせ、何かをしてと言っても、すなおにやってくれない。聞けば、学校の先生にも逆らうそうで、一度先生に「死ね！」と言ったことがあると言っていた。その子は皮肉な言い方をして大人びた様子を見せることがあるかと思えば、いつもお気に入りのぬいぐるみを持ち歩いているという子どもっぽい面もある。反発と甘えが奇妙な形で共存しているのだ。

その子によれば、お母さんは「鬼婆《ばば》あ」なのだそうだ。お母さんは一日中その子のことを怒っているというのだ。「ああしなさい」、「こうしなさい」、「それじゃだめ」、「あれじゃだめ」とずっと言われ続けているそうだ。お母さんに怒られると、その子も黙ってはいないで一々反発するらしい。お母さんに何か言われて頭にきて、お母さんの腕に鉛筆を突き刺したら、芯が刺さってしまったことがあると言っていた。

その子は、「お母さんが死ねばいい」と言う。「お母さんが死ねば、お父さんが再婚して新しいお母さんが来る」とまで言う。もちろん、いざ本当にお母さんが死んでしまったら、その子は単純に喜ぶことなどできないと思う。けれども、自分に厳しいお母さんを排除したいという気持ちは本心だろう。

この子の場合も、お母さんは知らず知らずのうちに子どもを否定してしまっている。「ダメ」、「ダメ」ということで、子どもの存在自体を否定してしまっているのだ。お母さんは、「そういうことがダメ」ではなく、「そういうことをするあなたはダメ」と言ってしまっているのだろう。そう言われ続けて、その子の中には怒りがたまっているようだ。それが「お母さんなんか死ねばいい」と言わせる攻撃性となっているのだ。

ところで、「自爆したい！」と言った子どもが、自分が家を作るならと言って絵を描いた。その家の窓にはとがった牙のようなものが何本も描かれていた。彼は、「ナイフ、ナイフ、ナイフ、包丁、包丁、包丁」と言っていた。窓には、ナイフと包丁を何本も下げるのだと言う。その家は、彼の攻撃性をあらわした恐ろしく物騒《ぶっそう》な家だ。そこには彼の怒りがあらわれている。

実は、「自爆したい！」と言うのも、「お母さんなんか死ねばいい」と言うのも同じことだ。同じコインの裏と表だ。同じ問題が反対のあらわれ方をしている。根本原因はどちらも同じなのだ。どちらの場合も子どもが、親をはじめとする大人に否定され続け、自分で自分を肯定できなくなって怒りをためている。その怒りが、自分に向かうか人に向かうかの違いなのだ。

だから、「自爆したい！」と言った子どもの攻撃性は、何かをきっかけにして人に向かうかもしれない。反対に、「お母さんなんか死ねばいい」と言った子どもの攻撃性が自分に向かわないともかぎらないのだ。

学ぶ土台をつくる

「自爆したい」と言う子どもも、「お母さんなんか死ねばいい」と言う子どもも自分を肯定できていない。自分を肯定できていないから、自分が生きることを肯定できない。あるいは、自分が生きることを肯定するために、自分を否定する人を排除しようとする。両方とも、自分の人生は自分のものだと思えていない。だから、自分の人生をよりよくするために勉強するなどという発想がない。また、物事を楽しめないので、勉強自体が楽しいとも思えない。

自分のために勉強すると考えられる子どもは多くない。親はとにかく「勉強しなさい、あなたのためよ」と言うのだけれど、子供には理解できない。実はそれもそのはずで、「勉強するのはあなたのためよ」と言っている親の中に、本当に子どものことを考えられる親はほとんどいないのだ。「あなたのためだから」と言いながら、自分の価値観を押し付けてしまっている親がなんと多いことか。親には悪気はないし、本当に子どものためだと信じてもいるのだけれど、強制がよい結果を生むことはない。

子どもに勉強を教えようとしても、それ以前に学ぶ土台ができていないと感じることが多い。学ぶ土台というのは、まず子ども自身が、自分が生きることを肯定できていることだ。自分の人生は自分のもので、ほかのだれのためのものでもないと思えていることだ。そしてその上で、自分がよく生きるためには学ぶ必要があると納得していることだ。

学ぶ土台ができていない子どもに勉強を教えようとしても、こちらが強制しないかぎり、学ぼうとはしない。学べるチャンスをみすみす逃して、暴れてその場を崩壊させるだけだ。そんなとき、その子どもはその場を破壊しているだけではない。その子は自分の人生をも破壊している。学ぶチャンスを自ら捨てて、生きるのに必要な知識もスキルも身につけられなくしてしまっているからだ。

自己肯定感をもてないままでいると、結局自分と自分の人生を破壊することになる。それは子どもの場合も同じで、子どもの場合、勉強することを拒否するという形であらわれることがある。そしてもしも、そのような勉強したがらない子どもを脅して、強制的に勉強させることに成功したとしても、学ぶ土台がない状態では勉強する真の目的がわからないので、何を学んでも本当の意味では身につかない。また勉強した結果、その子が将来社会的に成功したとしても、主体的に取り組んだ結果ではないために、内面に空虚なものをかかえ込んだままとなり、漠然と悩むことになるのだ。

子どもに英才教育や早期教育をほどこす前に、親たちには、子どもの学ぶ土台をつくってもらいたいと思う。子どもをまるごと受け容れ、その存在を肯定すること、親がこれをできて、子どもが自分を肯定できるようになると後が楽だ。子どもは自分の人生は自分でつくるものとこころえて、何事にも自主的・主体的に取り組むようになる。

「正義」の仮面をかぶってやってくるもの

いつでもどこでも「正しいこと」を言う人が、だれの身のまわりにも一人はいるのではないだろうか。いわゆる正論を吐く人である。実は、なにを隠そう、この私がそういう人だった。私はこう言われたことがある。「君の言うことは正しい！　君は百パーセント正しい！　でも、オレは納得できない！」。

ずいぶん昔のことになるが、ある時私は、自分がとても正義感の強い人になっていることに気づいた。電車に乗ったらお年寄りにはかならず席を譲る。交差点で白杖を持った目の不自由な人が待っていたら、信号が青に変わったことを知らせる。お店の入り口で車椅子の人と入れ違いになったら、その人が入るまでドアをささえて開けておく。こんなふうな「いいこと」をほかにもたくさんしていた。

私は人間たるもの、「いいこと」をして生きていかなければならないと信じていたのだ。「いいこと」をする「いい人」でいなければいけないと思っていたのだ。まあ結果だけ見たら、困っている人を助けることには違いないので害は少ないと思われるかもしれない。けれども、「いいこと」をすることは「いいこと」だからするというのと、困っている人に本心から共感して助けるのとでは大きな違いがあるのだ。

はなはだ傲慢《ごうまん》なことに、私は自分のことを「いいこと」をする「いい人」だと思っていた。私は、ときには自分のことを犠牲にしても、まわりの人を優先する、自分の希望を後回しにして、ほかの人に合わせる、そんなことばかりしていた。子どものころからまわりの大人たちに「我慢しなさい！」と言われ続け、そうするとほめられたので、自分を抑えることは得意だったのだ。

けれども、そうやって自分の本心を押し殺したまま平穏無事に生きていくことはできない。なぜならば、だれでも自分の本心を押し殺すと、そのことに対する恐ろしい怒りをおぼえるからだ。幼いころから我慢させられ続けて、自分ではまったく気づかなかったけれど、私の心の中では激しい怒りがつのっていた。その怒りは解消されることなく、私の無意識の中にどんどん蓄積されていっていたのだ。

「いい人」を演じていたころからずいぶん後になってからだが、私は自分の中の怒りに気づくことになった。どうして私が自分の中の怒りに気づいたかと言うと、自分の「正義」の正体を知ったからだ。怒りは「正義」の仮面をかぶってやってくる。

たとえば外出先で条例違犯の歩きタバコをしている人を見かけたら、その人に対してかつての私は激しい怒りを感じた。横断歩道を渡っているとき、信号無視をして自分の前を横切っていく自転車とぶつかりそうになると、思わず舌打ちをしたくなった。直接注意することはなかったけれど、当時の私はそういう身勝手なちょっとした違犯をしている人たちを見かけると、ギロッと睨《にら》むようにしてすれ違ったのだ。そんなときの怒りを私は義憤《ぎふん》だと思っていた。けれどもそれは、たまりにたまった私の無意識の中の個人的な怒りだったのだ。

私がまだ「いい人」を演じていたころ、母とこんな会話を交わしたことがある。私は母に、「なんだか最近、だんだん正義感が強くなる」と言った。すると母は、「それは（私のことを）大事に育てたからだろうねえ」と言った。その時のことを私は今でもはっきり覚えている。母の返答がとても意外なものだったからだ。その後私は、「私は大事に育てられたんだろうか？」と何度も自問した。

「いいこと」をする「いい人」だったころの私は、とても厳しい人だった。自分に対しても、人に対しても、こうするべき、ああするべき、こうしてはいけない、ああしてはいけないと何かと要求が多かった。人として間違ったことをしてはいけない、「正しいこと」をしなければいけないと、人にも自分にも言い聞かせていたのだ。そうして人にも自分にも厳しい態度をとり続け、自分のもっとも親しかったはずの人に、「君の言うことは正しい！　君は百パーセント正しい！　でも、オレは納得できない！」と言われてしまったのだ。

「正しいこと」を言う人はとても迷惑な人である。「正しいこと」以外は認めないと言って、まわりの人たちに正しくあることを強いるからだ。どんな人だって間違うことはある。だから、「いつも正しくあれ」なんて言われたら、毎日ピリピリしていなければならなくなる。

かつての私のように、「正しいこと」を言う人は、だれかが正しくないことをしていたらすかさずとがめる。「正しいこと」を言う人のそばにいる人は、いつもビクビクしながら暮らさなければいけない。「間違ってもいい」と言われたらリラックスできるけれど、「正しいことをしなさい」と言われ続けたら、緊張しどおしの毎日になってしまうのだ。

「正しいこと」を言う人の近くにいる人は、毎日が楽しくなくて、不幸だ。正論に納得できないのは当然のことである。

＊＊＊

こんな人のことを聞いたことがある。その人は当時すでに七十歳代。一人暮らしで飼い犬を友としている。以前結婚していたことがあるが、妻が出て行った。手紙などでかろうじて子どもとの交流はあるが、めったに会うことはない。まわりの人が離れていった孤独な人である。

そんな境遇におちいってしまったということは、その人は、さぞかし身勝手な暴君だったのだろうと思うかもしれない。ところが、その人はとても「いい人」だったのだ。

その人は、若いころから近所の子どもたちを集めては童話の上映会などをする、「いいこと」をしてきた人だった。「いいこと」をすることがその人の生きがいで、お金も時間もずいぶん費やしたらしい。そしてそんな生活が続いたある日、妻は、「神様みたいな人と暮らすことに疲れました」という書き置きを残して出て行ってしまったというのだ。

「いい人」と暮らすことは、「正しいこと」を言う人と暮らすことと同じように、幸せなことではないらしい。

世の中のたいていの「いい人」は、「正しいこと」をしている。たいていの「いい人」はいつも、「正しいこと」をしようとしている。いや、「正しいこと」をしなければならないと思っている。そして、自分のまわりの人たちにも、「正しくあれ」と願い、実際、「正しくあれ」と言ってしまう。これではまわりの人たちも息が詰まってしまう。

孤独な毎日を送りながら、その人は、やっぱり「いいこと」をしようとして、同じように「いいこと」をしようとしていた(「いいこと」をしようとしていたように見えた)人たちといっしょに活動しようとする。そして、活動のためのお金を出すのだが、いっしょに活動しようと思っていた人たちは、そのお金を持って消えてしまう。その人はだまされたのだ。

「いい人」はだまされやすい。単純に、「いい人」は他人を疑うことを知らないお人よしだからではない。「いい人」は人を見抜けないのだ。人を見抜けない、本当のことに気づかない、そんな一面が「いい人」にはあるのだ。

その人はどうして、そんな「いい人」になってしまったのだろうか。

その人はさかんに、自分の生き方はお母さんが教えてくれたと言っていた。お母さんはすばらしい人で、いつも、世のため人のために生きるように言っていたと言うのだ。どうやらその人の中では、お母さんが絶対の基準のようだった。

私は、その人のお母さんは残念ながら、その人が思うようないいお母さんではなかったのではないかと思う。その人のお母さんも、「正しいこと」を言う人の典型だったのではないかと思うのだ。そんなお母さんは、「いいこと」「正しいこと」をしなさいといつも言って、子どもの自由を奪って支配する。

子どもにとって親は絶対

子どもは全面的に、親に頼らなければ生きていけないものだ。たとえどんな親でも、その親に従い、生かしてもらうしかない。もしも、身近な「正しいこと」を言う人が親だった場合、子どもにはその価値観に染まるよりほかの選択肢はないのだ。子どもにとって、親は絶対的に正しいということになる。子どもはそうやって、親を自分の中に取り込んで、親の価値観を自分の価値観としていく。そのあたりが、「正しいこと」を言う人が配偶者だったり、上司だったり、友人だったりした場合とは違うのだ。「正しいこと」を言う人が配偶者だったら離婚すればいいし、上司だったら会社を辞めればいいし、友人だったら関係を絶てばいいのだ。

その人にとって、お母さんは、大好きな尊敬する(尊敬させるのだが)お母さんだった。そんなお母さんが、「いいこと」「正しいこと」をしなさいと言ったら、命にかえてでもそうしようと思っただろう。緊張を強いられ、楽しい思いができなくても、お母さんにほめられるならば、そのほうがいいのだ。でも、お母さんはその人をほめてくれただろうか。

「正しいこと」を言う人は、人をほめることが苦手なことが多い。「正しいこと」をするのは、人として当然だと思っているからだ。それはとても厳しい態度だが、自分もそのような厳しさに耐えてきているので、疑問には思わない。

けれども、「正しいこと」を言う人、「いい人」と暮らすことが苦痛であるのはあきらかだ。そして、「正しい人」と暮らす人は、正しくあることを強いられ、激しい怒りをおぼえている。私に「納得できない！」と言った人も、「いい人」のもとを去った元妻も、そんな怒りをあらわにしている。

問題は、いくら苦痛に思っても、子どもは「正しいこと」を言う親のもとを去ることができないということだ。正しくあることを強いられ、子どもも怒りをおぼえている。けれども、親に対して怒るわけにはいかない。そんなことをしたら、捨てられてしまうかもしれないからだ。親に対して怒ることのできない子どもは、そんな気持ちはそもそも持たなかったことにしてしまう。本当は激しく怒っているのに、怒ってなんかいないというフリをするのだ。

そんなことを続けているうちに、子どもは本当に怒りを感じなくなっていく。自分の本当の感情を見失っていくのだ。だから、少なくとも表面上は、子どもは、「正しいこと」を言う親に怒りを感じない。ところが、本当の感情とはやっかいなもので、最初に感じた怒りは、子どもの心の中から完全に消え去ったわけではないのだ。本当の感情は、その子どもには意識されないところに潜んで、爆発するチャンスを待つ。

怒りと「正義」

ときどきかつての私のように、「正義」をかざして、人を激しく攻撃する人を見かける。「私は正しい、でも君は間違っている」というわけだ。そんな人は、人のちょっとした違犯にとても厳しい。「禁じられていることをするあなたが悪い！」と言って、相手の事情を聞いてみようともせずに徹底的に責める。そんなときその人は怒っている。激しく怒っている。その怒りは、責められている人がやった違犯の大きさにとても見合わない。そんなことがとても多い。

そんな場面に出合うと、人間の感情はつくづく恐ろしいと思う。「正義」の仮面をかぶってやってきたのは、怒りだ。長年正しくあることを強いられ、積もりに積もった怒りだ。正しくあることを強いられてきたから、怒りは正しくない人に向けられる。自分は正しく生きてきたのに、なぜおまえは違犯するのだという怒りだ。正しく生きるために、さんざん我慢してきたのに、そんな苦労もせず、いとも簡単に違犯して、不公平ではないかというのだ。

「正義」を振りかざす人は、正しさを押し付けられて、さんざん苦しんできたのだから、人には寛容になればよいのにそれができない。「不公平だ、不公平だ」という子どもっぽい怒りから、違犯をする人をどうしても許すことができないのだ。でも、そんな怒りは、違反者に向けたところでおさまることはない。違反者を責めて、そのときは気がすんで、一時的に気分が晴れても、しばらくしてまた別の違反者を見つけたとき、再び恐ろしい怒りがよみがえってくるのだ。なぜか。

怒りは、もともとの原因となった人に返さないかぎり消えることはない。その人を最初に怒らせた人に対して怒ることでしか、怒りの感情はおさまることはないのだ。「正義」を振りかざす人の場合、その人に正しくあることを強いて、その人を怒らせた人に対して怒らないと、怒りは消えないのだ。

ところが、「正義」を振りかざす人が自分の怒りを解消できることはあまりない。なぜなら、そのような人は、もともと、だれが自分を怒らせたかということに気づくことがほとんどないからだ。「正しいこと」を言う人も同じで、だれがもともと正しくあることを強いたかということにまず気づかない。そもそも、自分がまわりの人たちに、正しくあることを強いて、支配しようとしていることに気づかない。そして、自分が親にされたことと同じことをまわりの人にしてしまい、人を不幸にし、また自分も不幸になるのだ。

私の母は私のことを大事に育てたつもりらしい。けれどもそれはだれのためだっただろう。母は、だれのために私を大事に育てたのか。私のためではなかったと、私は言わざるをえない。母は自分のために、私を大事に育てたのだ。そんなこととは露知らず、私はいつも母を喜ばせることを考えていた。母の役に立たなければと思っていた。私の「正義」はなによりも、母を助けることだった。そして、正義感が強くなればなるほど、怒りが大きくなっていった。

罪悪感の正体と楽しめない人たち

いつも明るくてすなおな中学生の女の子が言っていた。「あいさつはします。いろんな人にします。通学の時に乗るバスの運転手さんにもします」

すなおで正直でかわいらしいその子が、私は大好きだ。でも、私が見ていたのは、その子の一面だけだったのかもしれない。意外なことにその子は、そのあとに続けてこう言ったのだ。

「あいさつをしないと罪悪感をおぼえるから」

あいさつをしないというだけで罪悪感をおぼえるとは、少々殊勝過ぎやしないだろうか。それに、その子がいつも感じよく振る舞っているのも、そうしないと罪悪感に苛《さいな》まれるからなのだろうかと勘ぐってしまう。とにかく私は、「ああ、この子はくったくなく見えても、実際はけっこう葛藤をかかえて生きているんだな」と思わないわけにはいかなかったのだ。

何かをすること、あるいは何かをしないことに罪悪感をおぼえるという話はほかにもときどき聞く。仕事で大成功をしているある人が言っていたが、その人は子育てをしているときになんともいえない苦しい思いをしたという。

「こうしなきゃダメ、ああしなきゃダメ、と思って、本当に苦しかった。やらなくちゃいけないと思っていることをやらないと、ものすごい罪悪感に苛まれた。お金のことだって、自分が仕事して稼いだお金なのに、使うことにものすごい罪悪感をおぼえた」

そしてその人は続けた。

「でもね、ある時気がついたの。あ、いい子にしてなくてもいいんだって。べつに自分のやりたいようにやればいいんだって。いいことをしていい子でいる必要なんてないんだって気がついたんだ。お金だって自分で稼いだんだから、自由に使ってもいいんだってね」

罪悪感の正体とは、「いい子」でいなくてはいけないという思い込みだったのだ。

この「いい子」でいなくてはいけないという思い込みは、ほとんどの人にあるものなのではないだろうか。そして、この人のように、いい年の大人になってからもそのような思い込みから逃れることができていないことがある。

私たちのほとんどは、「いい子になりなさい」、「いい子にしていなさい」と言われながら育つ。それはもう、あまりにも当然のことなので、そう言われることの是非を疑う人はほとんどいない。とくに、幼い子どもはすなおでけなげなので、親からそのように言われたら、なんとしてでも「いい子」になろう、「いい子」でいようとする。

けれどもそこは人間のこと、とくに幼い子どもの場合は、いつも「いい子」でいることなど不可能だ。お母さんが言う「いい子」でいられず手ひどく叱られたりする。そうすると、自分は「いい子」ではない、という罪悪感に苛まれ始めるのだ。

私は、自分は「いい子」ではないという罪悪感をおぼえる必要はないと思っている。罪悪感をおぼえなくてはいけないときというのはもちろんある。人を故意に傷つけることに対する罪悪感や、悪意をもつときにおぼえる罪悪感は必要である。けれども、親や先生などの言う「いい子」ではないからといって罪悪感をおぼえる必要はないのだ。おぼえなくてはいけない罪悪感と、おぼえる必要のない罪悪感があるのだ。

では、どうして「いい子」でなくとも罪悪感をおぼえる必要がないかと言えば、そのような罪悪感をおぼえることによって、自分自身が幸せになることから遠ざかってしまうからだ。「いい子」でいなくてはいけないという思い込みは、自分で自分の存在を根本で否定している。「いい子」でいなくてはいけない、でも自分は「いい子」ではないと思ったら、自分で自分に「OK」を出してあげることができない。「いい子」ではない自分に「NO」をつきつけることになり、知らず知らずのうちに、自分で自分に罰をあたえるようになってしまう。それでは幸せにはなれない。

「いい子」でいなくてはいけないという思い込みは、その大半が、親が子どもに発した有形無形のメッセージが子どもの内面に定着してしまったものだ。そしてその思い込みはことあるごとにその人に、「おまえはそれでいいのか？」と問いかけ責めたてる。私たちはその思い込みに責められて、罪悪感をおぼえるのだ。

「いい子でいなさい」という親に悪意があるわけではない。けれども「いい子でいなさい」と言うことによって、親は子どもを支配することができる。子どもは親に認められたいので、親の言う「いい子」になろうとするからだ。「いい子でいなさい」と言う親の発するメッセージは、「いい子でいたらおまえを愛してあげる」というものだ。それは「いい子でいたら」、という条件つきの愛なのだ。

条件つきの愛が子どもを幸せにしないのは自明のことだ。子どもは親の愛を獲得するために、必死に努力し続けなくてはならない。親の意向にそうように、自分を曲げてでもがんばる子どもは多い。また、親の出す条件が難しいと、早々にあきらめる子どももでてくる。そんな子どもは、いわゆる手に負えない子どもになる。中には、親が子どもの罪悪感を利用して自分を支配しようとすることに気づく子どももいる。そんな子どもは親から離れてしまう。

「いい子」でいなければいけないという思い込みに支配されると、私たちは、自分を許してあげられなくなる。これが一番怖いことだ。「いい子」でいなくてはいけないから、これもしなければいけない、あれもしなければいけない、これはしてはいけない、あれもしてはいけない、そんな風な毎日を送ることになる。もちろんそのすべてを完璧にこなすことなどできないので、罪悪感をおぼえ、自分で自分を責めるようになる。自分はダメな人間だと思うようになってしまうのだ。

そうしてそんなダメな自分が嫌いになる。自分で自分を認めてあげられなくなる。自分のことを愛せなくなってしまうのだ。

本当に幸せになるために

自分のことをダメな人間だと思っていると、物事を心から楽しむことができなくなる。自分には楽しむ資格がないと思ってしまうからだ。物事を楽しめない人は、同時に、自分は幸せになる資格のない人間だと思う。そうすると、何か自分にとってよいことがあっても、そんなはずはない、自分にはそんないいことが起こるはずがないと思って、思わず身を引いてしまったりする。そんな人はまた、ほめられたり優遇されたりすることが苦手だ。そんなはずはない、自分はそんなことをしてもらう価値などないはずだと思ってしまう。そのような人は、めぐまれた状況よりも、むしろ不遇な状況の中に安住する。そうしてどんどん、本当の幸せから遠ざかってしまうのだ。

実は剽窃《ひょうせつ》だとのことだが、作家の太宰治には「生まれて、すみません」という有名な言葉がある。たとえ剽窃だとしても、この言葉は太宰をよくあらわしているのではないだろうか。太宰の一生を見てみると、自分が存在すること自体に対する罪悪感のようなものが終始漂っているように思われるからだ。おそらくはその生い立ちゆえに、太宰は、自分が生きること自体に対する罪悪感をかかえながら生きていたのだろう。

そして、その太宰のことを毛嫌いしていた三島由紀夫だが、彼もまた自分が存在することに対する罪悪感を抱きながら生きていたのではないかと思われる。三島の自伝的小説である『仮面の告白』には、「罪に先立つ悔恨」、「存在そのものの悔恨」という言葉が出てくる。その言葉からは、三島もまた、自分が存在すること自体への罪悪感をかかえながら生きていたのではないかと想像されるのだ。三島の母親は息子に対して強い影響力をもった人だった。三島もまた、その生育過程で、「いい子」でいなければいけないという思い込みと罪悪感を身につけていってしまったのではないかと思われるのだ。

太宰も三島も自殺によってその生涯を終えた。二人とも、自分自身の存在を一生肯定することができずに、ついに、その存在のすべてをみずから否定しきったのだ。彼らのような一生はもちろん極端な例ではあるが、そのような人生になってしまった原因が何かと言えば、単純に、「いい子」でなければいけないという思い込みに支配されてしまったからだとは言えないだろうか。

少し厳しい言い方をすると、親の育て方が子どもの一生を決めるので、親の責任は重大だ。ただし、子どもによい影響をあたえることのできない親も、自分自身が幸せになれる育てられ方をしていない可能性が高い。結局、気がついた人が、気がついた時点で考えを変え、行動を変えるしかないのだ。そして気がつくためにはまず、疑わなくてはならない。正しいと言われていることは本当に正しいのか。自分は本当に幸せなのか。幸せなふりをしているだけではないのか。

三島由紀夫は終生幸福を求めていたようだ。意外にも、三島の作品には「幸福」という言葉がよく出てくるのだ。けれどもそのときの三島の言う「幸福」は、普通は幸福とは言わないようなものだ。

三島の著書の一つである『太陽と鉄』は小説ではない。小説と評論の中間にあるようなものと考えればよいだろうか。その『太陽と鉄』の中には、三島が自衛隊に体験入隊したときに感じたという「幸福」のことが書かれている。

そこでは三島は、「私が幸福と呼ぶところのものは、もしかしたら、人が危機と呼ぶところのものと同じ地点にあるのかもしれない（傍点引用者）」と言っている。また、「私は、軍隊生活の或る夏の夕暮の一瞬の幸福な存在感が、正に、死によってしか最終的に保障されていないのを知った（傍点引用者）」と、幸福を死と結び付けているのだ。

自分が存在すること自体への罪悪感をかかえながら生きると、どうしても死ぬことを考えないわけにはいかないのだろう。罪悪感をかかえていると、自分のことが許せない。自分で自分を罰したくなる。自分の中のもう一人の自分が、「おまえなんかに価値はない、いっそ死んでしまえ」と言いだしても、だんだん反論できなくなっていく。そうして本当に死んでしまう人も少なくないのだ。

死によって保障される「幸福」が、本当の幸福であるはずはない。本当の幸福のベースにあるものは生を否定する死のようなものではなく、生きることを肯定するようなものであるはずだ。存在を否定するものではなく肯定するもの、つまり、愛が幸福の根底にはあるはずだ。

幸せなふりをしていたら、いつまでも本当に幸せにはなれない。本当のことを知ることはときに恐ろしいことではあるけれど、真実と向き合い、そしてそこから始めなければならない。罪悪感の正体をつきとめ、そんなものを持つ必要がないことに気づいて、そこから本当の幸福を求めるのだ。罪なんて最初からないのだから、自分には楽しむ資格がないと思い込む必要もない。生きることを楽しみ、幸せになろうと思ってもよいのだ。太宰や三島は、自分たちの真実と向き合うことができなかったから、生きることを楽しむことも、本当に幸せになることもできずに、あのような死に方をしてしまったのではないだろうか。

三、愛せなくなる子どもたち——すべての不幸のはじまり

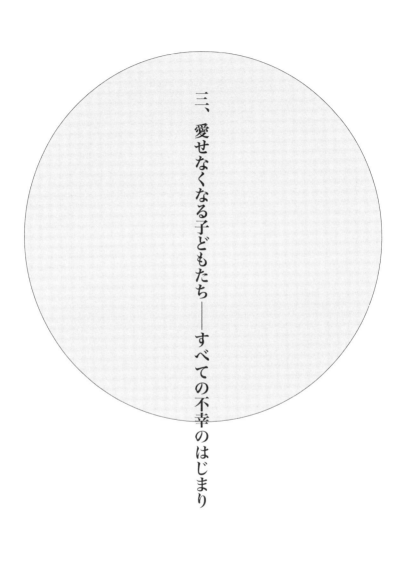

感じる力をとりもどす

ある時私は、草木の葉の色がとても美しいのに気がついて、心底びっくりした。「葉っぱの緑ってなんてきれいなんだろう」と、胸が震えるほど感動したのだ。葉っぱの色ばかりではない。花の色の白や赤、ピンクや黄色も、みずみずしい奇蹟のような美しさで、それはもう、いちいち立ち止まって見入ってしまうほどだった。

花も葉っぱも見慣れたものだ。これまでにも美しい花や緑に出合って、それなりに感動したこともあったはずだ。でも以前は、うっすらと濁《にご》った色のスクリーン越しに見ていたのではないかとしか思えない。そのころは花も緑もぼんやりと美しかったのだ。今の私の目はそのころの私の目とは違う。花や葉っぱの鮮やかな美しさにあらためて驚いて、私は、何のフィルターも通さず、ものを直接見る目をとりもどしたのだと思った。

私は本来の自分の感覚をとりもどしたのだ。目に入るものばかりではない。ほかにも、何かを食べて、「おいしいなあ」としみじみ思う。また涼やかな風が吹いてくれれば、その心地よさに思わず深呼吸したくなる。

感覚を通して、ものの美しさやすばらしさを感じることができる。五感があって、もののすばらしさを味わえることに感謝する。本来の自分の感覚をとりもどして、私はうれしさを感じることができるようになった。こうして毎日すばらしい何かに触れながら生きることは、この上なく楽しいことなのではないかと思えるようになってきた。そう、生きることは楽しい、もっと生きたいと思える瞬間があるのだ。

それでは以前、私の感覚を鈍らせていたものは何だったのか。一言で言うとそれは、世界を憎む心だ。世界を憎むだなんて、物騒《ぶっそう》なうえ、大げさな感じだが、そうとしか言えない。もちろん私自身、自分の中にそんな心が潜んでいるなどと夢にも思っていなかった。けれどもありとあらゆるものを、実は私は憎んでいた。表面上はすべてを受け容れているように見せかけながら、その根本のところで、すべてのものを否定していた。この世がすばらしいなんてことはあるはずがないと思っていたのだ。

この世はしょせんろくでもないと思っていたから、現実の嫌なところばかりが目についた。あれもダメ、これもダメ、あの人もダメ、この人もダメ、あれのここがダメ、これのここがダメ、あの人のここがダメ、この人のここがダメ、物事のよいところや、人のよいところに目を向けず、あら探しばかりしていたのだ。そんな調子だから、何事にも本気で親しめず、信頼できる人にもめぐまれなかった。

自分の中の検閲官

あら探しの対象は、自分の外側のものだけではなかった。私の中には、私の一部始終を見張っているおそろしく厳しい検閲官がいたのだ。その検閲官は、私の考えや行動を逐一チェックして、「それではダメだ」、「あれではダメだ」と言い続けていた。何を考えても、何をやっても、「よし!」と言ってくれない。私は、「まだダメだ」、「もっともっと」という内なる声に追い立てられて、あえて急な坂をわざわざ重い荷を背負って、あえぎながら登っていたのだ。

私は自分で自分を受け容れてやることができなかった。自分の中に厳しい検閲官をかかえていたので、何をしても何をしなくても、本当の意味で、自分に「YES!」と言ってやることができなかったのだ。何をしても何をしなくても、自分はダメだと思っていた。私は自分のことを否定しきっていた。私は心の一番奥のところで、自分を肯定することができなかったのだ。

一方、「そんなはずはない」と言う自分もどこかにいた。「私はダメではない」と思いたかったのだ。私は自分の中の検閲官を恨みながら、その検閲官に見せつけるために、大成功しなければならないと思っていた。何かがしたいのではない。何でもいいからうまくやって、検閲官を見返してやらなければと思っていたのだ。そして私は、表向きはそれなりの生活を手に入れた。けれどもその内実は惨憺《さんたん》たるものだったのだ。

私は正しいことをしてきたはずだった。検閲官の言うように、自分に厳しく、人に優しく、できない努力をしてきたつもりだった。でもそのあげく、手元に残ったのは、手に負えない困難と不幸だった。「何かがおかしい！」。ついに私は自分の半生を振り返った。

私の中にいた残忍な検閲官とは何か。私が何をやっても何をやらなくても「ＮＯ！」と言っていた検閲官とはだれだったのか。

私の中にいた残忍な検閲官とは、私にダメ出しをする声だった。私は長いこと、その声は自分の価値観にもとづく自分自身の声だと思っていた。けれどもある時気がついた。その声は、幼いころから聞いていた母の声にそっくりであることに。検閲官とは、私の母だった。私の中にいた残忍な検閲官とは、私が幼いころから母が私に送ってきた有形無形のメッセージを、私が自分の内面に取り込んだものだったのだ。

そのことに気づいてから、私は自分が根本から変わったと感じるようになった。自分の感覚や感情に対して、とても敏感になったのだ。自分の中から残忍な検閲官を追い払うことによって、私は物事すべてに直接触れ、率直に感じ、考えるようになったのだ。

検閲官がいなくなってから見た花や緑は、それまでに見ていたものとはまったく違った。まず、色が違う。花も緑も色鮮やかだ。それらは生き生きとしてみずみずしい。そこには、生きているものはこんなにも美しいのかという感動があった。私は自分の本来の感覚をとりもどし、生きているものの美しさを感じることができるようになった。それは、私が自分本来の生を、そして自分自身をとりもどしたということだ。

私の中にいた検閲官は、私が自分の目で見、自分の頭で考えることを禁じていた。すべてのことをその検閲官の価値観を通して見、考えろと命じていたのだ。検閲を通して見た世界は悲惨なものだった。美しいものはぼやけて、醜いものだけがくっきりと見えた。私の感覚や感情は、とても鈍いものになっていた。私は色も味わいもない世界に住んでいたのだ。自分の中から残忍な検閲官を追い出して、今、世界は本当の姿を私に見せてくれている。

自由になることと幸福の関係

今、なんとなく生きづらさを感じている人、何をやっても楽しいと思えない人、困難ばかりの不幸な状況におちいっている人、もしもあなたがそんな一人だったら、自分の中にある問題の核心に気づいていないからかもしれない。

でも、そうだとしても、あなたは悪くない。あなたのせいではないのだ。だから、自分を責めることはやめよう。

私たちの人生が困難なものになるとしたら、それは、私たちの中にそういうタネがまかれているということだ。そういうタネがまかれているばかりに、どんどん時間がたつにしたがって、私たちの人生はままならないものになっていく。がんばっても、がんばってもよい方向に向かってくれない。それどころか、がんばればがんばるほど悪いほうへ悪いほうへと転がっていく。

今の時代についていろいろと言う人は多い。そういう人たちは一様に、この時代の生きづらさについて語っている。

たとえば、ネット空間におけるヘイトスピーチは恐ろしいと言って、ＳＮＳでだれかを中傷する行為は、人をおとしめて、自信や自尊心を保ちたい人が増えているからだと言う。あるいは、承認欲求の強い孤独な人が増えていて、そんな人たちの受け皿になっているのが、ネット空間のヘイトスピーチだと言う。

けれども、そのようなことを言う人たちは、なぜ、人をおとしめて、自信や自尊心を保ちたい人が増えているのか、なぜ、承認欲求の強い孤独な人が増えているのかについては語ってくれない。せいぜい、人と人とのつながりが昔のように親密ではなく、今はうすくなってしまったからだ、というようなことしか言ってはくれない。本当だろうか。

ともかく、まわりに、自信や自尊心がもてない人、承認欲求の強い孤独な人が多いという印象は確かにある。そして、多くの場合、本人はそのことに気づいていない。気づいていないから、さまざまな困難やトラブルに見舞われ、毎日が楽しくなくて、なんとなく幸せではないという状況におちいってしまっている。

本人だけがなんとなく不幸、というだけならまだよい。問題の核心に気づいていない人は、自分を不幸にするだけでは終わらず、かならずまわりの人も巻き込んで、また別の不幸な人を作る。この連鎖についても気づいている人は少ない。

実は、話はとても単純だ。このような状況から脱するためには、考えや行動の基準を自分にすればよいのだ。考えや行動の基準を、自分の外側に求めず、自分の中に求めればよい。自分の本当の心に聞いて、それに従えば、万事うまくゆく。ところが、それがとても難しい。世の中のほとんどの人はそれができていない。なぜか。

それは多くの人がかつての私のように、自分の中に厳しい検閲官をかかえ込んでいるからだ。何をしてもしなくても「NO！」と言ってくるこの検閲官は、その存在に気づかないかぎり、いつまでも力をふるって、私たちを苦しめる。

検閲官はいろいろな顔をしてやってくる。あるときには「常識」という顔をして、またあるときには「世間」という顔をして、そしてときには「正義」という顔をして、したり顔で説教をしてくれる。私たちに「NO！」を突きつけ、なかなか「YES」と言ってくれない。検閲官が「YES」と言うときは、私たちが不本意ながらその意見に従ったときだけだ。本当はそう思っていないのにいやいや従わされ、私たちの中には怒りがわく。

けれども検閲官は私たちが怒りを抱くことも赦《ゆる》さない。だから私たちは自分たちの怒りを押し殺す。怒りを押し殺し、自分は怒ってなんかいないというフリをするのだ。自分の中にそんな検閲官をかかえていると、こうして自分の本当の感情を見失っていくのだけれど、そうするとその怒りは私たちの無意識の中に蓄積されていく。そして知らず知らずのうちにあらゆるものを憎むようになり、思いもかけないときに爆発して、それは外に出てくることになるのだ。

そうはならないために私たちは、自分の中の厳しい検閲官の存在に気づかなければならない。検閲官の存在に気づいて、それを追い出さないといけない。検閲官を追い出して、自分の本当の気持ちに気づき、検閲官の価値観を通さず、世界と直接向き合う必要があるのだ。

厳しい検閲官は、外からやってきて私たちの中に入ったものだ。それはそれぞれの親の意識そのものだったり、世間の常識という価値観だったりするが、いずれにしても、自分の外にあるはずのものだ。そして、自分の外にあるものの意志に従っているかぎり、本当の幸福は得られない。自分の外にあるものは、私たちの幸福よりもそのものの利益を優先するからだ。

検閲官は検閲官自身のために私たちを見張る。本当の意味で幸せになるために、私たちはまず、そこから自由にならなければならない。

不幸な母親の不幸な子ども

私たちのほとんどは、自分の思考や行動を見張る厳しい検閲官をその内面にかかえている。けれどもみんな、生まれながらにそうだったわけではない。だれだって、この世には白紙の状態で生まれてくる。私たちはまだ何も知らない、何も身につけていない状態で、さまざまなものが待ちかまえているところに生まれ落ちてくるのだ。

生まれてくる私たちを待ちかまえているのはまず親だ。次に親族、地域、国などの社会と呼ばれるものが待っている。要するに子どもは、自分以外の人間たちの群れの中に生まれてくるのだ。子どもは、生まれ落ちた先の人間の群れの中で生きていくことになる。そして子どもが生まれると、その人間の群れは、生まれた子どもに群れの中で生きていくためのルールを教える。幸か不幸か、そのルールが生まれた子どもの生き方を決めるのだ。

生まれたばかりの赤ん坊は、どうしてもだれかの助けがないと生きていけない。赤ん坊は、百パーセント、自分を育ててくれる人に依存しないと生きていけない。赤ん坊は圧倒的に無力な存在で、自分で自分を守ることすらできない不利な状態で生きぬかなければならない。大人の庇護《ひご》を必要とする子どもと、その子どもを養育する大人の関係は、人間関係としては不平等極まりないものなのだ。

生まれたばかりの子どもを育てるのは、多くの場合、その母親である。だから、母親の考え方や生き方が子どもの一生に大きな影響をあたえるだろうと容易に想像することができる。幸せな母親に育てられた子どもは幸せな大人になれるだろう。けれども、そうではない母親に育てられた子どもは簡単には幸せになれない。幸せになるどころか、心に傷をかかえたまま、一生苦しむこともあるのだ。不幸な母親の子どもは不幸な子どもになる。そう考えると、親になるということ、とくに、母親になるということは責任重大だと言えるだろう。

残念なことに、今まわりを見回してみても、心から幸せそうに生きている人を見ることはあまり多くない。みんなどこかに不満をかかえ、何かに耐えるように、あるいはイライラとして暮らしているように見える。大人はもちろん、子どもも、いつも何かに追い立てられて、あたえられた課題をこなすことに懸命で、生きること自体を楽しめていない。子ども時代は、何を見てもおもしろくて、生きていることが楽しくて楽しくてしかたないというのが本当だと思うのに、そんなふうに生き生きとしている子どもはほとんどいない。

私たちが生きることを楽しめないのは、そのように育てられたからだ。生きることが苦しかったり、虚しかったりするのは、子どものころから成長する過程で不幸にも身につけてしまった考え方にその原因があるのだ。そして、そのように育てたのは多くの場合、私たちの母親だ。

父親、あるいはそれに代わる人による影響ということもあるが、生きづらさを感じている人は、自分の母親との関係を見直すとその原因に行き着くことが多い。

とは言うものの、自分の生きづらさの原因を母親一人の責任にするのはあまりにも厳しい。なぜならば、そんな子育てをしてしまった母親自身が、幸せになれない育てられ方をしている可能性が高いからだ。人間は学んだことしかできない。子どもを幸せにできない育て方をする母親も、自分が幸せになれる育てられ方をしていない。幸せになれない子育てはたぶん、代々受け継がれているのだ。

見えざる虐待

子どもをあからさまに虐待する親は多くはない。子どもの体を傷つけて、最悪命の危険にさらすような親は例外的だ。けれども例外的ではあるものの、そのような虐待は目立つので、まだ発見しやすい。一方、子どもの心を傷つけるという目に見えない虐待がある。そのような虐待は目立たないが、そうとうな数に上ることが予想され、場合によっては、そちらのほうが深刻かもしれない。目に見える虐待であれば、だれが見てもあきらかなので、親の責任を追及することができる。けれども、目に見えない虐待の場合、親もそのことに気づかなければ、虐待を受けた子ども自身も気づかないことがほとんどなのだ。

一見よい母親が、子どもに害をあたえる。自己犠牲的で、すべて子どものためと言って懸命に子どもにつくすよい母親が同時に子どもを傷つけ、さらには人や社会への不信感を植え付ける。そのような母親は基本的に真面目で、献身的に子どものめんどうをよくみるけれど、子どもが幸せになれるような考え方を教えることはない。そのような母親は自分が幸せではないから、この世にもよい面があることを信じられない。生きることの楽しい面を知らないので、子どもに楽しみや喜びを教えることができないのだ。自分が辛く苦しい毎日をおくっていると思っているから、そのような母親は「生きることは苦しい」と子どもに教えてしまう。

子どもは白紙で生まれてきて、まわりの大人たちの行動や発言から学んでいく。子どもには親の発言を批判するだけの知識がない。また、養育してもらっているかぎり、親の機嫌をそこねて、捨てられてしまうわけにはいかない。母親が「この世は苦の娑婆《しゃば》だ」と言えば、疑うことなくそれを信じてしまう。そして、ここが恐ろしいところだが、そう思っていると、人生の節目節目で難しいほうへ難しいほうへという選択をし続けて、本当にその子どもの人生は困難なものになっていくのだ。

母親の負の感情

自分のことを幸せだと思っていない一見献身的なよい母親は、心の奥底に激しい怒りを隠しもっている。世を恨み、人を恨み、自分を恨んで、生きることを肯定できていない。そのような人生や世の中に対する憎しみは、知らず知らずのうちに子どもに向けられる。本人も子どももなかなか気づかないのだが、母親のこのような負の感情が、子どもの心を傷つける目に見えない虐待につながるのだ。

自分のことを幸せだと思っていない母親は、いろいろなかたちで子どもを傷つける。そのような母親は、自分のことを肯定できていないから、子どものことも否定する。そのような母親の子どもに対する会話は否定形になりがちだ。「こうでなければダメ」、「ああでなければダメ」、「そんなこともできないあなたはダメ！」と子どもに言い続けてしまうのだ。そうしてその結果、そんな母親に育てられた子どもは、自分の中に、恐ろしく厳しい自分を見張る検閲官をかかえてしまうことになる。

さらに恐ろしいことに、自分のことを幸せだと思っていない母親は、一生不幸なままで終わるつもりはないらしい。本人も子どもも気づかないのだが、そのような母親は子どもを支配して、子どもに自分の不満を充たしてもらい、自分の人生を楽にしてもらおうとする。子どもは母親の役に立つようにと育てられることになるのだ。

そのような母親は、子どもが自分の思うとおりにしたときはほめ、そうでないときは拒絶して、子どもを支配する。いわゆるアメとムチを使い分けるのだ。子どもは母親には認めてもらいたいから、母親の言うことを聞き、母親を喜ばせようとするようになる。反抗する子どもももちろんいるが、そうかと言って、その子どもが母親の支配を逃れたことにはならない。母親に反発するというかたちで母親に縛られ続けることになるのだ。

自分のことを幸せだと思っていない母親は、子どもに自分を肯定させようとする。そのような母親が子どもに期待する最大のことが、子どもが自分を尊敬し、慕うことだ。そして子どもは、けなげでいじらしいほどに、その期待にこたえてしまう。ほかの人から見たらどんなにひどい親でも、子どもはその心の底で、そんな親を慕っているものだ。親に対して反発する子どもも、いつか親が変わって、自分を理解し受け容れてくれるのではないかと思っていたりする。しかし、そんな日が来ることはまずない。

生きづらさをかかえる多くの人が、自分の中に、自分を監視する厳しい検閲官をもっている。そしてその厳しい検閲官がしていることは、その人を否定することだ。検閲官は決してありのままのその人を肯定しない。検閲官とは、親、とくに母親からのメッセージだ。そのメッセージは、母親の役に立たなければならない、自分を殺してでも母親のためになるように、それができなければおまえには価値がないと暗に言っているのだ。

愛するということ

愛することは肯定すること

「NO!」、「NO!」、「NO!」と言われ続けることほど辛いことはない。何をやっても「NO!」、やらなくても「NO!」、「NO! NO! NO!」と言われ続けて生きていくにはそうとうなエネルギーが要る。

では反対に、「YES!」と言ってもらえたらどうだろう。何をやっても「YES!」、やらなくても「YES!」、とにかく、そのままで「YES!」、「YES! YES! YES!」と言ってもらえたら、何かができる気がしてくるし、何でもやってみようという気持ちになる。「NO」という言葉にも「YES」という言葉にも力があるのだ。そしてそれぞれの力の向かう方向は反対だ。「NO」が人を生きにくくするのに対して、「YES」は人を生かすように作用する。「NO」は否定、「YES」は肯定、そしてだれしもが「YES」と言われたがっている。私たちは生きたいのだ、力の限り生きてみたいのだ。

私たちのまわりには「ＮＯ」という言葉があふれている。子どものころから、そうでなければダメ、ああでなければダメ、ダメ、ダメ、ダメと言われ続け、私たちの多くは否定されることに慣れてしまい、その結果生きることに疲れてしまうこともたびたびだ。

私たちは肯定されたい。「ＹＥＳ」と言ってもらいたい。なぜならば、「ＹＥＳ」と言ってもらえたら、生きる力が湧《わ》いてくるからだ。生まれてきたからには存分に生きてみたい。だから、だれかに「ＹＥＳ」という言葉ではげましてもらいたいのだ。

あるいは私たちは、自分で自分に「ＹＥＳ」と言ってやることを学ぶとよいのかもしれない。「ＹＥＳ！　ＹＥＳ！　ＹＥＳ！」、何をやってもやらなくても、今のままで「ＹＥＳ！」、そのままでよいのだと自分に言うこと、今の私たちに必要なのはそのようなことではないだろうか。

だれかに、そして何かに対して「ＹＥＳ」と言うというのはどういうことだろうか。だれかを、また何かを肯定するとはどういうことなのだろう。

「ＹＥＳ」と言うこと、誰かを、また何かを肯定するというのは、それらを愛するということだ。愛するというのは、だれかを恋い慕う、また何かを強く好むという単なる感情なのではない。愛するというのは、人や物事に向き合う態度の一つなのだ。その人やその物事に対して「ＹＥＳ」と言うこと、それらに対して肯定的に向き合うこと、それが愛するということなのだ。

だから、人や物事に対して「ＮＯ」と言うこと、否定することはそれらを愛することではない。その人やその物事に対して「NO」と言うこと、批判すること、それらに対して否定的に向き合うことはそれらを愛していないということなのだ。

条件つきの愛

だれかや何かに対して、今の状態は「NO」だけど、自分の思うとおりになってくれたら「YES」だと言う人がいる。今のままではダメだけれど、変わってくれたら「OK」だと言うのだ。そのような人はつまり、相手が自分の思いどおりになったら愛してあげると言っている。自分の思いどおりになるという条件を満たしてくれたら、愛してあげると言っているのだ。このような愛は条件つきの愛だ。

条件つきの愛を愛と呼ぶことができるだろうか。

条件つきの愛は、だれかが生きることをはげますだろうか。

条件つきの愛は、生きることをはげましてはくれない。そのような愛が突きつける条件は、条件を突きつけられた人に圧力をかけるだけだ。条件を満たさなければ愛されないとすると、愛されるために、その人は不本意でも自分を変え、なんらかの努力をしなければならなくなる。条件を出してくる人に愛されたいと思っているなら、その人は、自分の本心に逆らってでも、相手の思い通りにしなければならないと思うだろう。そうしてその人は、条件つきの愛をちらつかせる人に支配されることになる。逆に、条件つきの愛をちらつかせる人は、相手がその人から愛されたいと思っているかぎり、愛という褒美《ほうび》を餌《えさ》に、相手を支配することができるのだ。

支配・被支配の関係

もう気づかれたかもしれないが、このような支配・被支配の関係が親子の関係である場合がある。親は子どもに「こうあれ」と要求する。そしてそのようにしたら愛してあげるとほのめかすのだ。子どもは親に愛されたい。親に自分の存在を否定されたらそれこそ生きてはいけないので、子どもは必死になって親の要求どおりにしようとする。親が子どもを支配するのは簡単なことなのだ。

子どもにとって親は、強大な力をもっている権威だ。けれども親自身にそのような自覚があるかと言えばそうではない。むしろ、子どもに権力をふるう親ほど、自分のことを無力だと思っていることが多い。自分が無力だと思うから、子どもに力をふるって自分の力を誇示する。あるいは、自分が無力だと思っているから、支配的になってまで、子どもに自分の手助けをさせようとするのだ。そのような意味では、そういう親は支配者であると同時に子どもに依存している。親子の関係はこのように、条件つきの愛で結ばれた支配・被支配、あるいは依存・被依存の関係であることがあるのだ。

条件つきの愛は、ありのままのその人を否定する。そのままのあなたではいけないから、変わらなければいけないと言う。やはり条件つきの愛を、愛と呼ぶことはできないだろう。

無条件の愛

子どもが切実に親に求めるものは愛だ。私たちは、だれもが親に自分の存在を根底から肯定されたいと願ってはいなかっただろうか。だれもが親から、何をしてもしなくても、「YES！ YES！ YES！」と言ってもらいたかったのではないだろうか。だれもが、親からは、「大丈夫、今のままでいい」、「あなたはそのままで充分価値がある」と言ってもらいたかったはずだ。すべての子どもは、親からは無条件で愛されたいのだ。支配・被支配、あるいは依存・被依存の関係などではなく、子どもは親とは無条件の愛で結ばれたいのだ。

多くの人にとって、自分と親との関係を疑うというのは簡単なことではないだろう。多くの人が、親とは当然子どもを愛するものだと信じているからだ。親が、子どもである自分を愛していなかっただなんて、ありえないと思っている人も多いだろう。

また、アメリカ人などの欧米文化に属する人がしばしば指摘するように、日本人は権威に対して従順だ。このことは歌舞伎などを見てもよくわかる。歌舞伎には、主君とその妻子のために、自分と自分の妻子を犠牲にする話のなんと多いことか。歌舞伎の世界では、主君に対する忠義や、親に対する孝行などが最高の美徳として称賛されているのだ。日本には、親や先生などの目上の人に対して批判的になることが許されない雰囲気がある。

アメリカ人はむしろ、「権威を疑え」という教育を受けるという。「権威にたてつけ！」ではないところがミソだ。権威を責めたところで何にもならない。日本でも、権威を責める必要はないけれども、疑ってみるだけの価値はあるだろう。

お母さんは自分を愛してくれたのだろうか。その問いからは恐ろしい答えが導き出されてしまうかもしれない。それでも疑ってみる価値がある。お母さんが自分を愛してくれず、愛することを学ばないままに成長してしまったから、今、あなたは困難の中にあるのではないか。

いや、そうではない。子どもは愛する力をもった状態で生まれてくる。生まれ落ちて、自分を生かしてくれるものとして、生まれたばかりの子どもは周囲の人たちを全面的に信頼する。生まれたばかりの子どもは、自分を育ててくれる人たちをけっして批判しない。親をはじめとする自分のまわりの人たちすべてを肯定する。また子どもは、世界中のあらゆるものに興味を示す。存在のすべてに「ＹＥＳ」と言うのだ。無条件で愛することができるのは、親ではなくてむしろ子どもだ。どんなにひどい親でも、子どもが心の底ではそんな親を慕っているということがあるのはそのためだ。

愛し方を思い出す

ところが、見てきたように、子どもがどんなに親を愛しても、かならずしも親から愛してもらえるとは限らない。そんなことをくり返しているうちに、子どもはだんだん愛し方を忘れてしまう。愛することのできない親に育てられ、子どもは愛することができなくなっていくのだ。子どもは親に「ＹＥＳ」と言ってもらえず、次第に自分も「ＹＥＳ」と言えなくなっていく。人に対しても、物事に対しても、「ＹＥＳ」と言えなくなっていく。人や物事を否定的に見るようになり、肯定できなくなっていくのだ。愛のないところで育ち、子どもはやがて愛せなくなってしまうのだ。

愛するということは、対象をその根本から肯定することだ。肯定すること、そして肯定されることが私たちの心を安定させる。私たちはおそらく、愛することで、また愛されることでしか問題をその根底から解決することはできない。愛のないところが不幸の根源なのだ。愛することを学ぶこと、いや、子どものころには知っていて、忘れてしまった愛し方を思い出すことには大きな意味がある。

四、否定の構造——どうして愛せなくなるのか

不安と恐れと依存しあう関係

四、否定の構造——どうして愛せなくなるのか

　肯定することとされること、つまり愛することと愛されることが私たちの心を安定させる。自分自身とまわりの世界を肯定できること、そして自分は受け容れられていると思うことは私たちの気持ちをささえる。自分の身のまわりの人や物事を信頼できたら、私たちは安心できる。また、本当の意味で自分に自信があったら、何があっても私たちは落ち着いていられる。何か問題が起こっても、だれかが助けてくれると思えるし、何よりも、自分は困難を乗り越えることができると信じられるからだ。

　けれども残念ながら、そんなふうに気持ちの安定した人を周囲に見ることは少ない。確かに一見落ち着いて見える人はいる。あるいは天真爛漫《てんしんらんまん》で、安定した精神状態をたもって、生きることを楽しんでいるように見える人がいる。でもよく見てみると、そのような人たちも、自分の存在の根底から自分自身を肯定できてはいないということがわかってしまうことがある。そのような人たちは、ちょっと見ただけではわからなくても、そのうちなんらかの人間関係のトラブルを起こして、その本性をあらわにしてしまったりするのだ。

私たちは安心したいと思っている。自分は大丈夫と思いたいのだ。だれだって不安なまま生きていたいとは思わない。「大丈夫、大丈夫、あなたは大丈夫」と、人にも言ってもらいたいし、自分で自分に言い聞かせたい。けれども「安心したい」、「大丈夫と思いたい」というのは、実際は安心してもいないし、大丈夫とも思っていないということだ。そんな私たちは常に不安で、何かに対する恐れをもっている。

子どもを愛せない母

私の母は、自分の子どもを愛することのできない人だった。母は、自分の子どもである私のことを、まず、肯定することがなかった。私は母にほめられたという記憶がない。私はかならずしもできの悪い子どもではなかったと思うのだが、それでも、何をしてもしなくても、母は私をほめなかった。私は必然的に、自分で自分を肯定できない、自分で自分を愛せない人間になってしまった。私はいつも、自分はこれでいいのだろうか、と不安に思うようになってしまったのだ。

母は私をほめなかったどころか、常に否定してかかった。私に対する母の口癖はこうだった。「あんたそんなこともできないの？　お母さんなんか〇〇だ」。〇〇にはたわいもない自慢話が入る。朝早く起きて、庭の掃除をしたとか、外出する際、身支度が早くできたとか、そんなたぐいの内容だ。「私はもうこれだけのことをしたのに、あんたはまだぐずぐずしてるの？　ダメね」と言うのだ。

たわいもない話ではあっても、自分のことを否定されるというのはとても苦しいものだ。こんなやり取りがくり返されるうちに、またもや私は自分に対する自信を失っていった。母の言うことにたいした意味などないのに、自分を否定されたときの気持ちだけが積もりに積もって、自分はダメなんじゃないかという不安感に苛《さいな》まれるようになってしまったのだ。

母はまた、自分の感情に対する責任を自分でとることのできない人だった。何か母の気分が悪くなるようなことが起こる。母は、自分は悪くない、自分をこんな気持ちにさせるなんて、自分以外のだれかが悪いからだと考える。そして、「そうだ、おまえが悪い」、と私を名指ししたのだ。

たとえ何が起こっても、そのときどういう気持ちになるかというのはその人本人の責任だ。どうしてかと言うと、そのような気持ちになるのは、その人の中にもそのような気持ちになる下地があるということだからだ。同じような経験をした人たちすべてが、同じような気持ちを抱くわけではない。外から何かの刺激をうけても、心の中にそれに反応する理由がなければ、気持ちは動かない。

何かがあって、母が気分を害したとしても、それは母の中にその原因があるということなのだ。けれども母はそれを認めず、私を悪者にしてでも、そのときの嫌な気分から抜け出そうとした。実に身勝手だとは思うが、子どもの私にはそこまでの理解もできなければ、抵抗することもできなかった。母が気分を悪くしたのは自分が悪いからだと思ってしまっていた。

そうやって何かにつけて母に責められているうちに、私はますます大きな不安をかかえるようになってしまった。何をやってもやらなくても責められ、それがとても苦痛なので、なんとかしてことが起こる前に先回りして逃れようと思い、私は自然に、先へ先へと心配をする性分になってしまった。何かにつけて不安で、私は、まだ何も起こってもいないうちからあれこれと心配する神経質な性格になってしまったのだ。

私ほどではないにしても、周囲にも不安をかかえて生きている人は多いように思われる。「不安じゃない人なんていないよ」と言われたこともある。ではときどき、一見何の不安もなく、自信に満ちているように見える人がいるのはなぜなのだろうか。

私が子どものころの母は、少なくとも私の前では自信満々だったし、少しの不安も見せなかった。当時の母は、少なくとも私の前では、自分を肯定できていたのだ。子どものころの私には、母は自信に満ちた有能な人物に見えた。

これはずいぶんあとになって気づいたことだが、母はもともとおそろしく劣等感の強い人だった。何かと言えば、「あの人は私を見下している」と言って、よく敵をつくっていた。母は自分に自信がもてず、だれかにバカにされはしないかといつも不安だったのだ。母は自分で自分を肯定できず、苦しかった。だから、子どもの私を否定することで自分を肯定するという禁じ手にでてしまった人なのだ。前にあげた母の口癖がそのことをよく物語っている。

私の母のように、だれかを否定して自分を肯定するという手段で、かろうじて自分をささえているという人は多いのではないだろうか。

「差別」の構造

だれかを否定してでも自分を肯定できるようになった人はいい。それで少しは楽になれる。でも、そのために否定された人はどうなるだろうか。否定された人は自分を肯定するために、自分がやられたのと同じように、またほかのだれかを否定して自分を肯定しようとするのではないだろうか。そして同じことが、違う人から違う人へとくり返されて、否定的なものの分量はまったく減らない。否定がぐるぐるとたらいまわしにされ、いずれまた自分のところへもどってくるだろう。

だれかを否定して自分を肯定するという手段と聞いて思い出すのは、いわゆる「差別」である。人種、民族、性差、学歴、出身地、そのほかにもあらゆることが差別の対象になる。だれかを差別して、自分は優越感に浸る。「あいつはダメだけど、自分はＯＫだ」と安心する。だれかを否定して自分を肯定する、その構造は子どものいじめと同じだ。いじめをする子どもは、自己肯定感を得ようとして、自分より劣っていると思う相手をいじめ、優位に立とうとするのではないだろうか。

自分の中に差別意識がある人は、疑ってみたほうがいい。自分は自分を肯定できているか。自分で自分を受け容れることができているか。自分は自分を愛することができているか。

差別意識があったり、だれかを否定して自分を肯定する癖がついたりしている人は、自分自身が愛されて育っていない可能性が高い。自分を愛してくれるはずだった親に、自分のことを肯定されて育っていないのだ。そのような人は、本人は気づいていないかもしれないが、自分は本当にこれでいいのだろうかと、心の奥底で常に不安に思っている。心の一番奥底では、自分に自信がないのだ。だからそのような人は、親が自分を愛してくれなかったという苦しみから逃れ、自分はOKと思って安心するために、だれかを差別したりいじめたりするのだ。

言うまでもなく、差別やいじめによって獲得した優越感は本当の自信ではない。差別やいじめをすることによって自分を肯定できるようになっても、問題は少しも解決していないのだ。

差別やいじめによって自信を得て、自分を肯定できるようになるためには、その差別やいじめの対象の存在が絶対の条件となる。差別やいじめの対象がなくなってしまえば、また自分を否定することになるからだ。つまり、差別やいじめはその対象に依存して成立している。軽蔑しているはずの差別やいじめの対象に、差別やいじめをする人は実は頼っているということになるのだ。バカにしている相手に頼っているなどとは、なんとも皮肉な話ではないだろうか。

私の母も、私のことを否定しては自分を肯定して、自分の存在の不安から逃れようとしていた。私の母は、私のことを「ダメだ」、「ダメだ」と言いつつ、頼り、依存していたのだ。私は心のどこかでそのことを不快に思いながら、それでも、依存されることで自分の価値を確かめていたようなのだ。そうやって母に依存されなかったら、それはそれで不安だったからだ。母と私は、母の私に対するいじめと、双方の不安を介して、依存しあう関係だったのだ。

どうして不安になるのか

いつの時代からも差別やいじめはなくならない。それはいつの時代も、自分の存在に自信のもてない不安な人が多いからだ。けれども、差別やいじめをしても問題の根本的な解決にはならない。自分の存在に不安があるのなら、その根源にある問題に目を向けなければならない。なぜ不安なのかと問うことをせずに、不安を解消しようとしてはいけない。不安の理由をあきらかにしないで安心しようとすると、かならずだれかを、または何かを犠牲にしてしまうからだ。

私たちが不安で、いつも何かを恐れながら暮らしていかざるをえないのは、肯定できていないからだ。人を、物事を、そして自分を、私たちの多くは肯定できていない。だから毎日なにかと不安なのだ。そしてそれは、それぞれの親に、そのように育てられたからだ。親が、肯定すること、つまり愛することを教えてくれなかったからだ。いや、これは正確ではない。正確に言うと、それぞれの親が、本来はあらゆるものを肯定することのできた子どもたちに、否定することを覚えさせたのだ。

不安を解消して安心を手に入れるためには、私たちはまず、どうして不安になるのかということを確認しておかなければならない。私たちは、不安になるのは自分の外側の世界に原因があるからだと考えがちだ。自分の外側で何かが起こって、自分は不安になったと考えるのだ。

確かに、不安は、自分以外の何かに対する自分の感情でもあるだろう。けれども、不安も感情の一つであるならば、そのような感情をもつことになったなんらかの下地が、もともと私たちの中にはあったということだ。そのような感情をもつことになる理由は、自分の中にもある。不安になる人は不安になる人だから不安になるのだ。

不安になる人は、そのような気持ちになるきっかけとなったことがらを受け容れられない。一方、あらゆるものを受け容れることのできる人は、どんなことが起こっても、たいていは不安にならずにいられるのではないだろうか。物事を肯定的にとらえることのできる人は、何が起こっても起こらなくても、「なんとかなる」と考えることができるからだ。

自分の感情には責任をもたなければならない。自分の感情がほかの人たちに悪い影響をあたえそうであれば、その感情はコントロールしなければならない。最初は難しいかもしれないけれど、そうしないとそのような負の感情はどんどん拡散して、否定的なものがぐるぐるとたらいまわしにされることになる。不安や恐れをだれかに押し付けてはいけないのだ。とりわけ、子どもには、そのような悪感情を押し付けることをしてはならない。私の母のように、親が子どもに自分の不安や恐れを押し付けてしまうと、その子どもの人生を暗く苦しいものにしてしまう。親にかぎらず、大人は子どもに対して、いつもよい感情で接する義務があるだろう。

怒りの感情と支配・被支配の関係

私の両親はよく怒った。突然、ちょっとしたことで母はかんしゃくをおこし、父はふいっと口をきかなくなった。そんな両親を見ていたくなくて、けなげにも、私はなぜ彼らが怒るのかを理解しようといつも心をくだいていた。父には手をあげられたことさえあるが、そのときにも私は、そんなことをする父にはそうせざるをえない事情があったのだろうと、自分を納得させようとしてしまったのだ。

当然のことだが、親が子どもに暴力をふるうことは許されない。私を殴った父に同情の余地はない。けれども子どもである私は、自分自身の尊厳を放棄してでも、あるいは、自分自身の尊厳を守るためにも、そんなことをする父の心情をくんでやらなければと思ってしまったのだ。

親にとって子どもとはありがたい存在である。多くの子どもは、自分に対して親がどんな理不尽なことをしても、たいていは正当化しようとする。厳しく罰せられれば、子どもは自分が悪いと思う。厳しく罰する親がおかしいとは思わない。子どもは、どんなにひどいことをされても、本当は、親は自分を愛してくれているはずだと思っているのだ。

もっとも、親に怒りをぶつけられたり、厳しく罰せられたりすることは子どもにとっても苦痛だ。そこで子どもは、親の顔色をうかがって生きるようになる。どんなことをすれば親は怒るのか、どんなことをすれば親は喜ぶのか、そんなことを学んでいき、だんだん「いい子」になっていく。「いい子」とは、親にとって扱いやすい、都合のいい子のことである。つまり親は、子どもに怒りの感情をぶつけることによって子どもの心に恐怖を植え付け、子どもを都合よく支配できるようになるのだ。

「いい子」の怒り

「いい子」は「いい子」であることを強制されている。子どもは、本当はこうしたいと思っても、親の言う「いい子」でいるために、我慢してそれを断念しなければならない。そう言えば私も、祖母によく、「聞き分けのいい子」と言われていた。そう言われてしまうと子どもは、大人に、「こうして欲しい」とか、「これが欲しい」とか言えなくなってしまうのだ。祖母は私のことを、「この子は買い物に行ってもものをねだらない、いい子」と言っていた。本当はわがままを言いたかったけれど、「いい子」と言われて、私は「いい子」でいなければならなくなってしまったのだ。

けれども「いい子」は、いつでも、だれにとっても「いい子」なわけではない。そうやって「いい子」でい続けているうちにどうなるかと言うと、心の奥底にだんだん怒りがたまってくる。そしてその怒りは、いずれかならずどこかへ向けられることになるのだ。おとなしい「いい子」がある日突然キレる、といった事件が続いたことがあった。「いい子」が事件を起こすと、周囲の人たちは決まって信じられないと言うが、私に言わせれば、「いい子」だから事件を起こすのだ。

「いい子」の怒りは、本当の自分でいられないことへの怒りだ。自分が本当にしたいことのできないことへの怒りだ。いつでもどこでも我慢ばかりを強いられることへの怒りだ。

ほとんどの場合、親にとっての「いい子」のあり方は、子どもの本来もっている能力や指向とはズレがある。「いい子」であることを強いられて怒りがたまるのは、本来の自分の能力を、伸ばしたい方向に伸ばすことのできないことへの怒りなのだ。親はとかく子どもを自分がよいと信じる型にはめようとしがちだ。そうやって自分の理想を押し付けるのだ。

人間はそれぞれさまざまな可能性をもって生まれてくるが、その可能性を追求できるのは、幸運な一握りの人たちだけと言っても大げさではないかもしれない。だから、不満や、漠然とした怒りをかかえたまま生きている人が多いのだろう。

私の両親も、そんな漠然とした怒りをかかえて生きていた人たちだったのだろう。ときどき二人ともイライラがつのって、そのイライラを発散したくて、何か怒る理由を探しているように見えた。そして見つけた何かが心の奥底にそれぞれがかかえる怒りのかたまりに触れると、たちまち爆発して、私たち子どもを震え上がらせたのだ。父も母も長子だったので、それこそ、

「いい子」でいることを強いられて成長し、そのような怒りをため込んでしまっていたのだろう。

子どもの虐待

しつけと称した、親による子どもの虐待事件がなくならない。虐待の悲惨な状況を耳にするたび、どうしていたいけな子どもにそんな残酷なことができるのだろうと思う。多くの場合、親の虐待はどんどんエスカレートしていって、最悪殺してしまうことさえある。どうして殺してしまうまで痛めつけないといけないのか。どうして歯止めがきかなくなってしまうのか。

虐待をする親は、子どもに、自分がため込んだ怒りをぶつけているようにしか見えない。虐待をする親は、すでに怒りをため込んでいるから、子どもがささいな失敗をすることに、激しい怒りをおぼえるのではないだろうか。もともと怒りをため込んでいなければ、親は子どもに対して寛容になれるはずだ。虐待をする親は、いつでも爆発寸前の怒りをため込んでいるから、ちょっと子どもが気に入らないことをしたことをきっかけに、その怒りを爆発させてしまうのだ。そしてそうやって一度外へ出てしまった怒りは、もとの大きさが大きさなだけに、止めようにも止められない状態になってしまう。

虐待は連鎖すると言われるが、虐待をする親は自分自身も親から虐待をされていたと考えられる。身体的な虐待はもちろん、精神的な虐待、あるいは、親が子どもの面倒をみないネグレクトも、いずれも子どもの潜在意識の中におそろしい怒りを植え付ける。

ドメスティックバイオレンスとモラルハラスメント

親しい間柄の中でふるわれる暴力と言えば、子どもの虐待のほかにも、ドメスティックバイオレンスがある。ドメスティックバイオレンスもまた深刻な問題だ。ドメスティックバイオレンスとは、夫婦間、あるいは恋人同士の間に起こる暴力の問題だが、こちらも潜在的にはかなりの件数に上ると考えられている。そして子どもの虐待をする親と同様に、ドメスティックバイオレンスの加害者も、反省し、行動を改めることができたという話をほとんど聞かない。

ドメスティックバイオレンスの場合も、子どもへの虐待と同様に、その根本的な原因はやはりため込まれた怒りなのではないだろうか。虐待は理性の問題ではなく、感情の問題だ。怒りという負の感情の問題だ。ドメスティックバイオレンスの加害者は、社会的な地位や教養のあるなしにかかわらず存在する。世間ではエリートと言われるような人の中にも、ドメスティックバイオレンスの加害者はいるのだ。暴力的な衝動は理性でおさえることができない。だから知識を身につけることよりもまず、感情を整えることが大事なのだ。

最近はまた、モラルハラスメントの問題も取り上げられることが多くなってきた。モラルハラスメントとは、いわば精神的な暴力だ。身体的な暴力こそともなわないが、モラルハラスメントは言葉や態度によって相手を責め、その人格を否定しつづけて追いつめるという一種の虐待だ。

モラルハラスメントの加害者は、自分は正しいと信じている。自分は正しいのに相手が間違っている、だから注意してやっているのだと主張する。また、自分は相手にとって何が一番よいことかを知っている、だから、自分の言うとおりにすればよいのだと言う。けれども、そのようなことは思い込みに過ぎず、相手にとってはこの上ない迷惑なのだ。モラルハラスメントの加害者は、自分の正当性を保証するために相手が間違っているとしているように見える。

子どもの虐待をする親も、ドメスティックバイオレンスやモラルハラスメントの加害者も、被害者を支配しようとしている点が共通している。相手に恐怖や劣等意識を植え付けて、自分が優位に立ち、さらには自分に依存しなければ生きていけないと思わせようとしている。自分の力を誇示しているのだ。力を志向するということは、その人は、本当は弱いということだ。子どもの虐待をする親も、ドメスティックバイオレンスやモラルハラスメントの加害者も、自分の存在に自信がもてない、不安で不安でしかたのない人たちなのではないだろうか。

子どもの虐待をする親も、ドメスティックバイオレンスやモラルハラスメントの加害者も、とてもサディスティックだ。いずれの場合も、これでもか、これでもかというほど執拗に相手を痛めつける。それぞれの加害者が目指すのは、相手の存在や人格の否定だ。それを、ときに楽しむかのように行うのだ。そこにはやはり、とてつもない怒りが隠されているとしか考えられない。

一方、虐待やハラスメントの被害者は、どんなにひどい目にあっても、なかなかそのような境遇から抜け出せないという。虐待被害者の子どもが、自分の力で親のもとを離れることができないというのはわかる。けれども、いい年をした大人が、ドメスティックバイオレンスやモラルハラスメントの加害者から逃げることができないという話もよく聞くのだ。被害者は自分が被害者であるにもかかわらず、加害者は自分がいなければダメなのだと主張したりするという。被害者は被害者であるからこそ、加害者に必要とされていると信じている。加害者がサディスティックなら、被害者はマゾヒスティックだ。

サディズムとマゾヒズムは表裏一体

サディズムは、相手の存在を呑《の》みこんで、自分を大きく見せようとする。反対にマゾヒズムは、相手に呑みこまれて、自分も大きな存在の一部となろうとする。どちらも力を志向している。だから両者の関係は、支配・被支配の関係になるのだ。そして、両者がそれぞれの必要からお互いを求め合っている限り、その関係はなかなか解消されない。サディストはマゾヒストを必要としており、マゾヒストはサディストを必要としている。両者は依存し合っている関係でもあるのだ。

サディズムもマゾヒズムも、その根本に、自分を心底から信じることができないという弱さがある。自分の存在をその根底から肯定できないという弱さがあるのだ。自分の弱さを払拭《ふっしょく》するために、サディストは支配しようとし、マゾヒストは支配されようとする。

興味深いのは、サディストは状況が変わるとマゾヒストになり、同様に、マゾヒストは立場が変わると一転してサディストになることだ。人を支配する立場にある人が、自分より下の立場の人たちにはサディスティックに振る舞い、自分より権力のある上の立場の人に対しては平身低頭してマゾヒスティックに振る舞うというのはどこでも見かけることだ。そしてそれと同じように、もともとは支配される立場にあって、いつもマゾヒスティックで卑屈な態度をとっている人が、何かの機会に、自分よりも立場の弱い人たちを支配することになったら、とたんにサディスティックに振る舞いだすというのもよく聞く話なのだ。

それもこれも、サディズムもマゾヒズムも、その根源を同じくしているからだ。そしてその根源とは、自分で自分を愛せないこと、自分で自分を肯定できないことだ。サディストもマゾヒストも、根本的に、自分で自分を受け容れることができていないのだ。

ナチスドイツを率いて、ユダヤ人を大量虐殺したヒトラーは典型的なサディストだ。ヒトラーは強大な力を志向した。一方で、自国の敗戦が決定的になると、服毒自殺をして、運命にはマゾヒスティックに従ったのだ。

ヒトラーは、複雑な家庭環境の中、権威主義的な父親に厳しく育てられたようだが、自分で自分を愛せない人の極端な例だと言えるだろう。

支配・被支配の人間関係が幸せなものであるはずはない。サディストになってもマゾヒストになっても幸せではない。本当に幸せな人間関係を築くためには、依存し合ってはいけないのだ。そのためには、まず、自分で自分を愛し肯定し、一人でも充分な存在であると思えなければならない。自分の弱さを補うために、誰かを支配したり、誰かに服従したりする必要はない。自分を肯定できないと、とかく自分には不足があると思いがちだが、それは真実ではない。そもそも存在自体に不足などないのだ。

そうやって自分で自分の存在を認めることができ、自分で自分の存在をささえることができて、一人でいても大丈夫になったら、その人は、自分以外の人たちともよい関係を築けるようになる。一人でいても大丈夫な人は一人でいても大丈夫だから、ほかの人といてもうまくいくのだ。一人でいられない人は常にだれかといっしょにいたがるけれども、そのような人は、相手に依存しつつ依存され、よい人間関係を築くことができない。ときには支配・被支配の関係におちいって、不幸になってしまうのだ。

残念ながら、今周囲には、この依存・被依存、支配・被支配の人間関係が多いように思う。

不幸だから不幸、幸せだから幸せ

愛することのできない人は当然ながら不幸だ。そして不幸とは、いつも心のどこかに、鈍い痛みを感じながら生きることだ。愛することができないと、人との関係はもちろん、物事との関係もうまくいかないので、漠然とした不満をかかえたまま生きることになる。愛することができないということは、世界の多くのものを受け容れることができないということだ。不幸な人は、自分自身もふくめた多くのものを肯定できない。

不幸な人は、愛することができないから不幸なのであって、愛されないから不幸なのではない。けれども、不幸な人は、自分は愛されないから不幸だと思っている。

条件付きの幸せ

よく、「〜さえあれば幸せになれるのに」と言っている人がある。けれども、その「〜」が手に入っても、その人は幸せにはならない。「〜さえあれば幸せになれるのに」と思っている人は、その「〜」を手に入れるためにすさまじい努力をする。そうして「〜」を手に入れて、そのときは幸せを感じる。けれどもしばらくすると、また別の何かが欲しくなって、「〜さえあれば幸せになれるのに」と言いだすのだ。そしてそのあとは同じことを何度もくり返す。

たとえば結婚すれば幸せになれると考える人がいる。だから結婚する。するとしばらくは結婚した幸福感に浸ることができる。けれども次第に不満がつのってきて、次に、子どもがいれば幸せになれると考え、子どもを産む。そうしてまたしばらくは充実した子育てを楽しむ。でも、やがてまた不安と不満がわいてくる。そして今度は子どもが優秀ならば幸せになれると考え、子どもを厳しく教育したりする。そうなると子どもにとっては災難だ。子どもは、そんなはてしない親の要求に次々とこたえていかなければならなくなるからだ。

欲しかった何かを手に入れて、幸福のゴールに到達したはずなのに、そこはまだゴールではなかった。ゴールしたと思ったけれど、そのゴールはまぼろしで、本当のゴールはもっと向こうに見えている。不幸な人は、努力をして、欲しかったものを手に入れても、そのたびに幸せのゴールが遠のいていって、そこに近づくことができない。

けれどもそれもそのはずで、ある人が幸せかそうでないかというのは、その人の置かれている環境とか、その人の持っているものとかとはそもそも関係がないのだ。それがあれば幸せとか、この条件を満たせば幸せとかいうことはないのだ。ゴールは初めからまぼろしだ。幸福の要因は、環境だとか持ち物だとかの自分の外側にあるものの中にはない。幸不幸の理由は、その人自身の中にある。だから「〜さえあれば幸せになれる」と思っているかぎり、その人は結局一生幸せにはなれない。

「〜さえあれば幸せになれる」と思っているうちは絶対に幸せにはなれない。仮に「〜」の条件を満たしたところで幸せにはなれない。幸福は条件づけにはなじまないのだ。その点、幸福は愛とよく似ている。愛するのに理由が必要ないのと同様、幸福にも理由はない。しいて言うならば、何であれ、自分であれ、他人であれ、ものであれ、存在すること自体が愛や幸福の理由である。本当の愛が無条件の愛なら、本当の幸福も無条件の幸福なのだ。

幸と不幸の分かれ目

では、「〜さえあれば幸せになれる」と考えると、どうして本当の幸福から遠のくのかと言うと、「〜さえあれば」と考えるところに現状の否定があるからだ。「〜さえあれば」と言うということは、今を否定している。「今は幸せではない、今は不幸だ」と思ってしまっている。初めから「不幸」と思ってしまっていては幸せにはなれない。話は単純で、不幸な人は、自分は不幸だと思っているから不幸なのだ。その人は不幸だから、不幸なのだ。

同じような生活をしていても、毎日幸せそうに暮らしている人とそうでない人がいる。貧しい国の人たちが生き生きと楽しそうにしているのに、豊かな国で不満そうにしている人たちがいる。どれも、ものの見方、考え方の問題ではないだろうか。毎日を幸せに暮らしている人は、その土台に、自分を幸せにする考え方を根づかせているのだ。反対に、不平不満ばかりをつのらせている人は、自分を不幸にする考え方を身につけてしまっている。

自分を不幸にする考え方とは、自分の置かれている環境を否定するような考え方だ。自分のまわりのものや人に対して、「あれもダメ、これもダメ」と始終言っているようなことだ。すでにあるものではなく、今はないものばかりを数えることだ。自分の身のまわりのものに、「あれもダメ、これもダメ」と言ってダメ出しばかりをしたり、「あれもない、これもない」と不満ばかりを言っていたりすれば、それは不幸になる。欲しいものは手元になくて、ダメなものばかりに囲まれていると思ったら、「私は不幸」となるに決まっている。

一方、幸せな人は、自分の境遇自体を否定しない。自分にあたえられているものに対して、心から、「これでいい」と思えるのだ。ないものを数えるのではなく、あるものに感謝することができる。もちろん、幸せな人も生きていれば困難なことにぶつかる。けれども、幸せになれる考え方をする人は、困難を「不幸」とは思わないのだ。困難は困難であり、けっして不幸ではないと考える。そして、自分を成長させてくれるものとして、そのような困難には勇気をもって立ち向かうのだ。幸せな人は、困難を乗り越えることのできる自分の力を信じている。自分で自分を肯定できている。自分を愛しているのだ。

幸せな人はまた、日々、身近な物事の中に幸福を発見することができる。それらは、大きな喜びをともなった大きな幸福ではないかもしれないが、ほのぼのと心を温めてくれる。幸せな人はささやかな幸福に気づくことができる。季節が変わって、違う花が咲き始めたことに感動したり、電車の乗り継ぎがタイミングよくできたことに喜んだり、昼に食べた食事がおいしかったことに感謝したりする。たしかによく見れば、そんなふうに毎日の生活の中に幸福はいくらでもある。幸福は築くものであるというよりは、そこにあることに気づくものなのだ。

ところが、不幸な人はそのような幸福に気づかない。幸せな人と同じことが不幸な人に起こっても、不幸な人はそれを幸福とは思わない。幸せになろうと思って、自分を幸せにしてくれると思う何かを、必死になって手に入れようとする。そうやって不幸な人は現状を否定している。不幸な人は物事を否定的に見ることに慣れてしまっているのだ。だから、物事のよい面に気づかない。そして、いつも物事の否定的な面だけを見て、「あれもダメ、これもダメ」、「あれもない、これもない」と言い続けるのだ。

否定するということは、愛さないということだ。愛さなければ幸せにはなれない。不幸な人を見てもわかるように、何であれ、物事を肯定できないと私たちは幸せを感じることができない。物事を肯定できないと、つまり愛さないと、幸せにはなれないのだ。不幸な人は、「自分はだれからも愛されなくて不幸だ」とよく言う。けれども、愛されないから不幸なのではない。不幸な人は、自分が愛さないから不幸なのだ。不幸な人はまず、自分自身のことを否定している。不幸な人は自分のことを愛していないから不幸なのだ。

もっとも、あまりにも大きな困難の中にあるとき、幸福を探すことはだれにとっても簡単なことではないだろう。だれだって、命の保証すらないところで、小さな幸福探しなどできない。おそろしい困難は、小さな幸福探しの妨げになる。普段は幸福でいられる幸せな人も、困難の中、なかなか幸福は見つけられないだろう。つまり、幸せな人は、幸せな気分でいるからこそ、小さな幸福に気づくことができるとも言える。幸せな人は、幸せだから幸せなのだ。

だからこそ、私たちはまず、いつも幸せな気分でいることが大切なのだ。幸せな気分でいれば、周囲のささやかな幸福に気づくことができる。周囲の幸福に気づけば、幸せな気分になる、幸せな気分になってまた、幸福を発見する、そんな好循環がそこには生まれるだろう。幸せになりたければ、不幸な人は不幸な気分をはじめに手放さなければならないのだ。

愛されないと愛せなくなる

不幸な人が不幸なのは、不幸になるようなものの見方や考え方が身についてしまっているからだ。不幸な人は、幸せになれる生き方ができていないのだ。それでは、どうして不幸な人がそのような生き方しかできなくなってしまったかと言うと、やはり成長する過程でそのような生き方を身につけてしまったからだと言うしかない。不幸な人は、不幸なことに、不幸になるように育てられている。不幸な人は、幸せになれる物事の見方や考え方を、育てた人、多くはその親から教えてもらえなかったのだ。

幸せになれる生き方を教えることのできない親というのは、自分自身も不幸な人だろう。そのような親は、自分も幸せになれる生き方ができなくて不幸だから、子どもも不幸にしてしまう。不幸な親は、不幸になるようなものの見方や考え方しかできなくて、それを子どもに教えてしまうのだ。虐待や貧困は連鎖すると言われるが、不幸もこうして連鎖する。不幸な人たちは代々、不幸という負の遺産を受け継いでいってしまうのだ。

不幸というのは愛さないことだ。愛されないから不幸なのではなく、愛さないから不幸なのだ。けれども子どもの不幸は、親から愛されないことから始まる。不幸な子どもの親は愛することができない。そのような親は当然、子どものことも愛せない。愛するということは、そのものの存在を根本から肯定することだけれども、不幸な親にそんなことはできない。そして不幸な子どもは親から否定されて育つうちに、物事を否定的に見たり考えたりするようになっていく。

不幸な人の不幸の根源は親から愛してもらえなかったことにある。そしてすべての子どもにとって、親から愛されないということほど絶望的なことはない。だから不幸な人は、その事実をなかなか認めることができない。親が自分を愛してくれなかったという現実と向き合うのは辛い。不幸な人は、どんなに理不尽なことをされたとしても、親は親なのだから、子どもである自分を愛していなかったはずはないと信じてしまう。子どもは、何かがおかしいと思う自分の感覚のほうがおかしいのではないかと思って、親の愛情を疑おうとはしないのだ。

子どもはあくまでも自分に対する親の愛情を信じようとする。親の愛情を疑うのはおそろしく難しいことなのだ。それでも、今、自分が不幸だと感じている人は、自分と親との関係を見つめなおしてみるとよいだろう。自分の親は、幸せになれる生き方を教えてくれただろうか。親は、子どもである自分のことを愛してくれただろうか。

不幸に安住する人

「お金があればしたいことができるのに」と言っている人は、いざお金が手に入ってもなかなか行動しないと聞いたことがある。何かをしたいのに、お金がないと言っている人は、その何かをする勇気がなくて、お金がないということを口実にやらないのだという。たしかに、本当にそれがしたいのなら、お金がなくても、今できることから少しずつ始めればいいのだ。それでもやらないのは、本当はやりたくないからやらないのではないだろうか。

「〜さえあれば幸せになれる」と考える人はそのような人と似ている。「〜さえあれば」と考える人はその「〜」を手に入れても、また別の「〜」を欲しがって満足せず、いつまでも「〜」のない不幸な状態にとどまっている。そのような人は、お金がないことを口実にして行動しない人のように、行動すること、行動して自分が変わることが怖いのではないだろうか。そのような人たちはそもそも、幸せになる気がないのだ。

不満を言いながら不幸な状態にとどまっていることは、案外居心地がよいのだ。自分は不幸だと言っていれば、まわりの人たちが同情してくれるし、自分から何かをしなくても、まわりの人たちがやってくれることもあるだろう。不幸なままでいる人は変わることを恐れている。行動して、まわりが、そして自分自身が変わることを恐れている。けれどもそんなことはいつまで続けられるだろう。不幸をかこって変わろうとしない人に、いつまで人の同情が集まっているだろうか。

不幸な人は、今自分が不幸な状態にあることをまず全面的に認めなければいけない。自分で自分をだまして、「自分は不幸ではない」などと考えてはいけない。本当に不幸な人は、自分が不満をかかえて不幸な状態にあることにすら気づいていないことがある。そのような人は、無理やり「自分は幸福だ」と考えようとしたりする。まわりから見れば、どう見ても幸せな状態ではないのに、その人本人は「自分は幸福だ」と言ったりするのだ。

不幸を受け容れて手放す

自分の真実に向き合うことは難しい。真実を知ってしまったら、自分はもとより、付き合う人も、環境も、すべてが変わらざるをえなくなる可能性がある。これまで手に入れたもののすべてを捨てて、一度どん底に落ちて、人生を一から立て直す必要が出てくるかもしれない。真実を知ることにはとてつもない勇気がいるのだ。それでも、本当に幸せになりたいのなら、いつの日か心の底から幸せを感じて笑いたいのなら、真実に向き合い、自分を変え、まわりのすべてを変える覚悟をすることだ。真の幸福を手に入れるためには、まず今の自分の不幸を認め、受け容れ、その後、そこから抜け出す努力をするしかない。

不幸とは、心の中にいつも鈍い痛みを感じながら生きることだが、そうやって勇気を出して不幸を手放さないかぎり、心の中の鈍い痛みからはいつまでも解放されることがないだろう。

体の痛みが病気やけがのありかを教えてくれるのと同様に、心の痛みも、私たちの心が今よくない状態にあることを知らせてくれている。心の痛みは、その人の今の状況がその人のためにはならない、あるいはその人がどこか間違っているということを教えてくれているのだ。病気やけががあったら、直して、健康な体をとりもどそうとするだろう。同じように、心の痛みは、人として健康な考え方や生き方にもどす必要があるとその人にうったえているのだ。今、心のどこかに鈍い痛みを感じながら生きている、つまり、不幸な状態にあるのなら、ものの見方や考え方を見直して、幸福という、人が本来あるべき状態にもどれるようにしなければならないのではないだろうか。

幸せな人が増えれば、世の中はよくなる。幸せな人は自分が満足しているから、人のことをうらやんだりしない。幸せな人は幸せだから、人を憎む理由がない。人を妬んだり恨んだりするのは、その人が不幸だからだ。不幸な人は自分が不幸だから、不幸な人を見ると安心する。また、不幸な人の中には、自分と同じ不幸な人をつくりたくて、故意に人を傷つける人さえいる。人を不幸にしないためにも、一人一人がまず、自分から幸せにならないといけない。自分が幸せでいてこそ、人の幸せを心から願える。幸せな人が増えれば、世の中は今よりももっとよくなるだろう。みんなが幸せで、お互いを祝福できる世界にはたぶん、争いはない。

五、愛こそすべて——私たちはどうすればよいのか

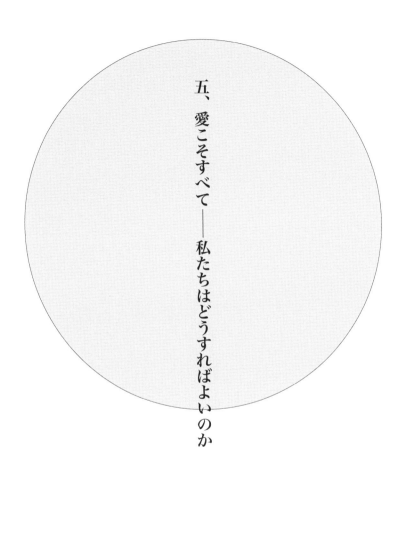

権威からの解放と自由の価値

私が自分のかかえていた、最大かつ根源的な問題に気づいたのは、実生活の破局に直面したからだ。大きな破綻を経験したからだ。

そんなはずはない、はずだった。私はよくやっていたはずだった。私は間違っていなかったはずだ。なのに、どうしてこんな目に遭うのか。

映画『ジョイ・ラック・クラブ』（ウェイン・ワン監督、一九九三年、アメリカ）にこんなセリフが出てくる。

「自分の欲望を捨て、他人の不幸を飲み込み辛酸をなめろと教えられた」

「自分を安売りするのはあんたが始めたことじゃない」

「私は自分に言い聞かせた。「献身こそ愛の証しだ」と」

『ジョイ・ラック・クラブ』は、アメリカに移住した四人の中国系の女性たちと、その娘たちとの葛藤を中心とした友情と家族の物語だ。移民一世である母親たちが中国にいたときの苦難の日々のこと、母親たちの母親のことなども物語られ、それぞれの一族の壮大な叙事詩となっている。

『ジョイ・ラック・クラブ』は、公開されたとき、アジア人が主人公である映画としては異例のヒットとなった。ということは、そこには普遍的なテーマがあると考えてもよいだろう。中国系の人々の中に色濃く残っているものとして、映画の中で強調されていることは、どの国民、どの民族にとっても身に覚えのあることだったのではないだろうか。

前にあげた最初の二つのセリフは、移民一世の母親の一人が、自分の娘に言ったセリフだ。彼女の娘は、結婚生活の破綻の危機に瀕していた。そして最後のセリフは、その娘の独白だ。「献身こそ愛の証しだ」と自分に言い聞かせることは、幸せな結婚生活を築き上げるどころか、破綻に導いたのだ。

映画の中のその母親は、自分たちは中国式に育てられたと言っている。自分は中国式に育てられたから、娘はその反対に育てようとした。けれども、そうはならなかったと言っているのだ。映画の中ではそのほかの母親も、自由を求めてアメリカに来たのに、娘たちには厳しい教育をほどこし、がんじがらめに縛ってしまうという矛盾をおかしている。最後はどの母娘も問題のありかに気づき、和解にいたっているのだが、このことからも不幸な考え方の連鎖を断ち切るのは難しいということがよくわかる。

映画の中で、「献身こそ愛の証しだ」と自分に言い聞かせながら結婚生活をおくっていた娘の一人は、白人のエリート男性と結婚していた。二人は、夫側の一族の人種に対する偏見を乗り越えて結婚したはずだったが、次第に夫は結婚後の妻の態度に疑問をもつようになっていく。妻は一切自己主張せず、夫や娘に献身する毎日だったのだ。妻は自分の進学のチャンスには見向きもせず、夕食の食材についてさえ夫の意見を優先しようとする。そして離婚の危機を迎えるのだ。

彼女の母は、娘が、自分から受け継いだ中国式の考え方を実践してしまったために不幸になってしまったのだと気がついた。そこで、娘に自分の母の話をし、そうではなく、もっと自分のことを大切にしなければならないと言った。自己主張すべきときにはしなければいけないと言ったのだ。娘はそのことに気づき、夫と正面から向き合うことを始めた。夫には自分の望みをはっきりと伝えて、一人の人間として、夫と対等な話し合いをするようになったのだ。離婚の危機は去った。

さて、映画を観ていた私は、前にあげたセリフに出合って、ギョッとした。これは私のことではないか。このような考え方こそ、私がもっとも大事にしたいと考えていた人間関係を破綻させた一因だったのではないかと思いあたったのだ。私は日本に生まれ育ったが、日本は中国の影響を色濃く受けている。中国式の考え方は、現代においてもまだ、そこかしこで見ることができる。たとえば男尊女卑の考え方だとか、親孝行を美徳とする考え方だとか、今でもまったく変わっていない。私の中には、映画の中の女性たちと同じ問題が横たわっていたのだ。だとすれば、私もだれかからそのような考え方を受け継いでしまったのだ。ほかでもない、母である。母はたしかに、これらのセリフのような生き方をしていた。

私の母は、自己犠牲的な妻であり、母だった。何をするのも自分のことは後回しにして、夫や子どもを優先していた。母は一見、おそろしくよい妻であり、母だったのだ。

けれども私の母は、これまでにも書いてきたとおり、私にとっては専制的な暴君だった。しかもそのことは母自身によって巧妙に隠され、私はつい最近まで、自分の母はよい母親だと信じていたのだ。私は母の目の前で、「いかにもお母さんという言葉が似合う、お母さんらしい、いいお母さんだ」と言ったことがある。それほど母は、自分はいい母親だと、私たちの前でアピールしていたのだ。

自分を犠牲にして家族のためにつくすなどというのは、結局人間の本性に反しているのではないだろうか。自分の気持ちや望みなどを押し殺していると、だんだん不満がたまっていく。母は、自己主張できない恨みをため込んでいった。そして我慢に我慢を重ねた母の恨みがどこへ向かったかと言えば、私のところへ来たのだ。母は私に自分はよい母親だと承認させただけでなく、自分がそんな風に不幸なのは、私が母の思うとおりにしないからだということにした。私は母を幸せにしなければいけないと長い間どこかで思い続けていた。

映画の中で離婚の危機におちいっていた娘は、娘を生んでいた。彼女の危機は、その娘がごく幼いころに去ったけれども、もし、あのまま彼女が問題の本質に気づかなかったとしたら、彼女もまたその母のように、娘を中国式に育て、娘のこともまた不幸にしたことだろう。不幸な考え方の連鎖をどこかで断ち切らないかぎり、不幸は代々受け継がれていくのだ。

母は私の人生を困難なものにした。私にとって母は加害者だ。けれども、問題が代々受け継がれていくものだとしたら、母もまたその母親から問題を押し付けられた被害者だということができる。私も被害者という立場にだけとどまっていたわけではない。私は私の母が私に対してしていたことを身近な人にしてしまった。母は私を自分の都合で支配したが、私も同じことをしてしまった。私もその人にとっては加害者だったのだ。

「権威主義的性格」とは何か

危機や破綻は考えるきっかけをあたえてくれる。私も危機や破綻を経験したので、自分が問題をかかえていたことに気づいた。私の問題とは、自己犠牲的なよい人を演じながら恨みや不満をかかえ、それらを解消するために、支配できそうな人を支配しようとしてきたことだ。人間は学んだことしかできない。私は母から人を支配することを学んでしまったのだ。

私が支配しようとしてきた人はすでに大人だった。だから抵抗され、その人間関係は壊れた。一方、私は母が自分を支配していたことになかなか気づくことができなかった。その理由は簡単で、母は親で、私はその子どもだったからだ。

「権威主義的性格」という言葉を覚えておくといい。権威主義的性格とは、ドイツのユダヤ系哲学者であり社会学者でもあったテオドール・アドルノ（一九〇三〜一九六九年）によって提唱された社会心理学的概念で、一九三〇年代に反ユダヤ主義の原因究明のために導入された。権威主義的性格の人は、自分で物事を柔軟に考えて判断しようとせず、権威を無批判に受け容れ、少数派を憎んで排除しようとするという。権威とは、その人自身の外側にある力のことで、ほかの人たちのことであったり、制度であったり、あるいは伝統であったり、とにかく何か確実だと思えるような秩序のことだ。ナチスドイツによるユダヤ人への迫害とその排斥は、この権威主義的性格をベースとして行われたという解釈ができるというのだ。

少数派を憎んで排除しようとする人たちというのは、いつの時代にも、どこの国にもいる。それは日本も例外ではない。そのような人たちはやはり、権威主義的性格の人たちだということができるかもしれない。そのような人たちは自分たちと権威を同一視し、権威の側に立って、自分たちの正当性を主張したりする。自分たちは正しいのだから、みんな自分たちに従うべきだと言ったりする。そのような人たちは権威に取り込まれているのだ。そのような人たちは権威に服従しながら、権威と同じように人を支配しようとする。

あからさまに少数派を憎む人というのはそんなに多くない。でも、だからと言って、権威主義的性格の人はそんなにいないと言っていいのだろうか。

ドイツ生まれで、ナチに追われてアメリカに帰化した精神分析学者で社会心理学者のエーリッヒ・フロム（一九〇〇〜一九八〇年）も、この「権威主義的」という言葉をつかってさまざまなことを説明している。

フロムによれば、権威主義的な態度とはけっして、非民主的な国家や文化にのみ見られるものではないという。現代においては、家庭や社会の中で、「無名の権威」とでもいうものが働いているというのだ。そのような権威は、気づかれないからこそ大きな力をふるうことができ、難しい問題を引き起こすという。フロムは、子どもにとっての親が権威になりうる、親こそが子どもにとっての権威だというのだ。

現代の非権威主義的文化においてすら、しばしば、両親は子どもたちが「役に立つ」者であることを願っている。すなわち、両親が自分の生涯で果たし得なかった希《のぞみ》を果たさせるためにである。もし親が成功しなかったとすれば、子供たちは、彼らに代償的な満足を与えるために、成功すべきである。もし親が愛されなかったと感じている場合（ことに両親が互いに愛し合っていない場合）には、子供は愛する役を仰せつかる。また、もし彼らが、社会生活での自分の無力を感じている場合には、彼らは子供を支配することに満足を見出そうとする。たとえ子供たちがこれらの期待に応えたにしても、やはり子供たちはまだ充分ではないと感じ、したがってなお両親を失望させていると思って、罪を感ずるのである。

（E・フロム著、谷口隆之助・早坂泰次郎訳、『人間における自由』、東京創元社、一九五五年。）

フロムによるこの文章に出合ったとき、私は、自分の感情のすべての理由がわかったと思った。父の期待にこたえられなかったと思ったときの悲しみ、母に恥をかかせたと思ったときの罪悪感と自己嫌悪、そのような負の感情のすべてが両親に対する強い義務感から出てきていたのだと悟ったのだ。映画『ジョイ・ラック・クラブ』にも、母の過剰な期待にこたえられず、ひたすら苦しむ娘たちの姿が描かれている。あの映画も、「権威主義的」という言葉で説明できることが多そうだ。

フロムは、社会と親の権威は、子供の意志、自発性、独立性を破壊しようとするので、子どもは「成熟した一人の人間存在としての自分自身たらんがために自由を獲得しようとする」が、「完全な成功をおさめる子供はごくわずか」（前掲書）だという。そして、神経症に代表されるような心の病の根底には、「この不合理な権威との戦いに敗れた、子供の時の傷痕が認められる」（前掲書）というのだ。

フロムは「権威との戦い」と言うが、私はその戦いの存在にすら気づかなかった。戦うどころか、そのような権威の意向にそうように、ひたすら努力してしまっていたのだ。私のように、親という無名の権威の存在に気づかず、その権威に支配されて、自分の人生を自分のものにできていない人はたくさんいるだろう。親という権威と戦って、勝利できる子どもはほんのわずかだとフロムも言っている。

支配の連鎖

親という権威に支配された子どもは、当然ながら権威主義的性格になる。そしてやがては権威主義的な態度をとるようになる。前にも書いたように、そのような人たちは自分と権威を同一視し、権威の側に立って、自分の正当性を主張する。自分は正しいのだから、みんな自分に従うべきだと言って、ほかの人たちを強引に従わせたりする。そのやり方はとてもサディスティックだ。

一方、そのような人たちは権威に取り込まれている。そのような人たちは自分のことを強くて確かで大きなものだと思いたくて、権威と自分を同一視する。そのような人たちは心の奥底では、自分のことを無力だと感じているため、権威に絶対的に服従しているのだ。そのような人たちは権威にたてつくこともなければ、批判することすらしない。権威を崇拝して、ひたすら権威の意向にそって生き、自分の人生を権威に捧げることも厭《いと》わない。そのような生き方はとてもマゾヒスティックだ。

恐ろしいのはこのように権威主義的性格の人たちが、このサディスティックな面とマゾヒスティックな面の両方を持ち合わせていることだ。権威に対しては終始マゾヒスティックに我が身を捧げつつ、自分の信奉する権威に逆らう相手に対しては徹底的にサディスティックになれることだ。このようなことはナチスドイツの兵士たちを見てもよくわかるだろう。

権威主義的性格の人は、かつての私もふくめて、被害者でもあり加害者でもある。権威主義的性格の人は、被害者として、マゾヒスティックに権威に従いつつ、加害者として、権威に同化した自分に従わない人に対してはサディスティックに振る舞う。

日常の生活でサディスティックに振る舞うとはどういうことか、大げさすぎやしないかと思われるかもしれないが、そんな場面はいくらでもある。決められた時間に勉強しなかったり、試験の成績が悪かったりしたら親に殴られるという子どもはたくさんいる。勉強すること、試験でよい成績を取ることが親という権威の信奉する価値で、それに反する子どもはサディスティックに厳しく罰せられるのだ。

子どもに対してサディスティックな親は、自身の親に対してはマゾヒスティックに従っている可能性がある。サディズムとマゾヒズムは同じコインの裏と表だからだ。子どもを支配する権威主義的な親は、自分自身が権威主義的な親に育てられたのだ。私の母の母、つまり私の祖母は頼りない人で、権威主義的な親とも見えなかったが、娘に甘えるという形でその権力を発揮した人だった。母はそんな自分の母親に認められるために、いろいろなことをしてやっていた。

このように権威主義は代々連鎖する。権威主義的な生き方は、だれかがどこかで気づいてその連鎖を断ち切らないかぎり、代々続いていくものだ。

気づきと権威からの解放

サディスティックに振る舞う権威が親だったら、子どもが抵抗するのは難しい。けれども、大人同士の間でこの支配・被支配のパワーゲームが行われたらどうなるだろうか。どちらかがその異常さに気づいて、その関係は破綻するだろう。私の場合はまさにそうだった。そして、その経験が、私に自分の問題の本質に気づかせたのだ。

はじまりは何年か前の、例の大きな地震だった。当地は地震自体の被害は大きくなかったものの、その後に原発が爆発し、私は生まれてはじめて、自分の命の危機ということを考えてしまった。

自分の、ただ自分だけの命を守ろうと、私は逃げた。義務も責任もすべてを振り捨てて、逃げたのだ。そのときの私は自分だけのことを考えていた。ただひたすら、自分のことだけを考えていた。ほかの人のことなどどうでもよかった。

地震の騒ぎがおさまって日常がもどってきたとき、私は、自分の生活のすべてに違和感があることにぼんやりと気づきだした。生まれてはじめて自分の命の危機ということを考えて、自分だけのために行動しようとして、実際そのとおりにしてから、私は、今まで自分がありとあらゆるところで我慢ばかりをして生きてきたということに気づきだした。

そうなると身近にいる人はたまらない。私は何かと自己主張するようになり、相手もこれまでの不満をぶちまけてくる。私は我慢をしながらも、相手を支配していたのだから当然だ。そのような日々が続いて、その関係はとうとう破綻にいたった。

その後私は、どうして自分の人生がこんなものになってしまったのかと考えた。本を読んだり人に相談したりして、徹底的に考えた。そしてある日、とうとう自分のかかえていた問題の核心に気づいたのだ。

あの地震が起きたとき、私は自分のことだけを考えた。かつての私に足りなかったのはそれだったのだ。私は母という権威に取り込まれて、生まれてこの方、自分自身のことを第一に考えてやるということができていなかった。自分のために生きるということ、自分を大切にするということ、自分を愛するということができていなかったのだ。

自分を犠牲にしてだれかのために生きるなどということはけっして美徳ではない。そんなことは人間の本性に反している。犠牲になったという恨みがつのっていくだけだ。そんなことをしてもだれも幸せにはならない。自分の幸せには自分で責任をもたなければいけないのだ。自分で自分を幸せにすることは人間の義務だ。だれかに幸せにしてもらおうなどと考えてはいけないのだ。人の幸せも大事だが、その前に、自分で自分の幸せを考えてやらなければいけない。

自分も人も同じように大切な存在だ。自分を大切にできない人にほかの人を大切にすることなどできない。自分を愛せない人に、人を愛することなどできないのだ。

私にとってこの気づきは、まさにコペルニクス的転回だった。事態は混迷をきわめ、おそろしく困難な現実が私の目の前には広がっていたが、私はなぜかすがすがしい気持ちにもなった。私は自由だった。長い間私を縛っていた権威から解放され、自由になったのだ。あの時の高揚する、幸福な達成感を私は一生忘れないだろう。

私はとうとう突き止めた。なぜいつも、何をやっても心の底から楽しいと思えなかったのか。なぜいつも、地に足が着かず、フワフワと浮遊しているような感覚しかなかったのか。なぜいつも、本当の自分の人生は別にあるような気がしていたのか。なぜいつも、何をやってもやらなくても罪悪感をおぼえていたのか。なぜいつも、生きているだけで疲れはてていたのか……、数えあげればきりがない。それもこれも、すべて私を支配していた権威のせいだったのだ。私はその権威による支配を振り切って、自分の人生を、自分自身をとりもどしたのだ。

人間にとって、自由ほど大切なものはない。人間は、自分の外側にあるものに縛られて生きることがあってはいけない。人間は、自分以外のものを根拠にして生きてはいけないのだ。自分の内側を見よう。自分の心と向き合おう。自分の中の、もっとも奥底にある感情こそが真理だ。自分自身を信じて、自分だけに従って生きることだ。そしてそのときの指針はいい、悪いではない。幸せか、そうでないかだ。

愛こそすべて

いいも悪いもないのである。愛こそすべてだ。そして愛とは、「そのものの存在を根本から肯定すること」だ。

世の中のことを、「正しい」・「間違っている」で判断する人は多い。けれども、そのような見方が人の幸福につながることはほとんどない。「正しい」生き方をしていても、幸せになれるとは限らないのだ。それどころか、「正しい」生き方をしているのに、どんどん不幸になるということすら頻繁に起こる。

私もそうだったが、「正しい」生き方をしていると思えば、間違った生き方をしているように見える人を責めたくなる。そのような人に、「あなたは間違っているから、正しくあれ」と迫《せま》ってしまうのだ。けれども、そんな風に言われて、すなおに変われる人があるだろうか。「あなたは間違っている」と言われたら、多くの場合、反発したくなるのではないだろうか。だれかのことを「間違っている」と言ってしまったら、言われた人との関係が悪化する。そうして「正しい」ことを言う人は、だんだん孤立していくことになるのだ。

物事を「正しい」・「間違っている」で判断する人は、いわゆる「正論を言う人」だ。この手の人はどこにでもいる。そのような人の発言の中には「正しい」という言葉がよく出てくる。

以前、住んでいる地区の集まりに参加したとき、この「正論を言う人」がいた。地域のルールを確認するという趣旨の話し合いが行われていたとき、その人は、「そのようにすることは正しいと思います」と言っていた。私は前からその人のことを知っていたのだが、正直に言うと、「なんだか苦手な人だなあ」とずっと思っていた。

その人は、いつもさっぱりとした身なりで、姿勢よく歩き、とても礼儀正しいきちんとした人だ。そして、自分たちが住んでいるところの近くで、何か不審なことが起こると、真っ先に担当者に報告するような人だ。その人は、地域の人がちゃんとルールを守っているか、いつも目を光らせているというような厳しい雰囲気をかもし出している。

だから、地域の話し合いの際に、その人が「正しいと思います」と発言したときも、私は、「ああ、この人らしいなあ」と思ったのだ。そして、「この人の奥さんはたいへんだろうなあ」などと、いらぬおせっかいな思いまで抱いたのだった。

正論を言う人は、周囲の人を威圧する。正論を言う人のまわりの人たちは、いつ自分の間違いを指摘されるかと思って、いつもビクビクして暮らすことになる。正論は「正しい」。だから、正論を言う人には反論できないのだ。けれども、人間はいつも正しいことだけをやっていられるわけではない。ときどき間違う。そしてそうやって間違ってしまったときにこそ、温かく許して欲しいのに、正論を言う人にかかると、「おまえは間違っている！」などと厳しく言われてしまうのだ。

私にも苦い思い出がある。「君の言うことは正しい！　百パーセント正しい！　でも、オレは納得できない！」と言われてしまったのだ。その人との関係は当然悪化した。

「正しい」・「間違っている」という判断は、問題を根本からは解決しない。それは「正しい」から、と言われても、心の底から納得して行動を改めるなどという人はまずいない。とりあえず間違いを改め、そのときは正しいことをすることになっても、そのような人は心の底から納得しているわけではないので、また同じ過ちを犯す。いい、悪いではないのだ。

「正しい」・「間違っている」、「いい」・「悪い」は人の心に届かない。なぜならば、「正しい」・「間違っている」という判断には愛がないからだ。「正しい」・「間違っている」という判断は、その人の、あるいはそのものの存在を根本から認めているわけではない。「正しい」は、「正しくあらねば認めない」という暗示をし、「間違っている」は、そもそも頭から相手の存在を否定している。「正しい」・「間違っている」という判断に反発する人は、本人は気づいていないかもしれないけれど、そこに愛がないことに納得していないのだ。

「愛がなければ批判してはならない」、「愛があれば批判してもよい」と言った人がいるが、それは違う。「愛」と「批判」とは相容れないものだ。批判、つまり「あなたは間違っている」と言うことは相手を否定している。「あなたは間違っている」という言い方は、相手の人格にまで到達して、相手を否定している。そこに愛はありえないのだ。

ただし、どうしても相手の非を指摘しなければならないのなら、こう言うことはできる。

「あなたのしたことは間違ったことだ」

「あなたのしたことは悪いことだ」

「あなたの言うことは間違っている」

このような言い方は、相手の存在を否定していない。このような言い方は、その人のしたことや言ったこととその人自身を切り離し、「あなたが悪いわけではない、あなたのしたことや言ったことが悪いのだ」と言っているからだ。愛のある批判というものがあるとしたらこのようなものだ。行動や言動とその人自身を分けて考え、行動や言動だけを批判するのだ。

「お母さんは、私がちゃんと勉強しないとものすごく怖いけど、テストの点が悪くてもぜんぜん怒らない」と言った子どもがいる。するとその話を聞いていた別の子どもが、「いいなあ」と心からうらやましそうにしていた。「いいなあ」と言った子のお母さんは、勉強しないと怒るのはもちろん、成績が悪くてもその子のことをひどく責めるらしい。

最初の子どものお母さんは、子どもの行動とその子自身を切り離して考えることのできるお母さんだ。努力をしないという行動は悪いけれど、テストの点が悪いというのは、その子本人の資質やそのときの状況にもよるので、いいも悪いもないという判断だ。つまり、その子の人格を否定していない。ところが、別の子どものお母さんは、テストの点が悪くても怒る。本人の資質やそのときの状況のような、その子の努力ではどうしようもないことにまで責任を負わせ、子どもの人格を否定するのだ。

子どもの人格を否定しないお母さんには愛がある。だから、子どもは満ち足りた様子を見せる。テストの点が悪くてもお母さんは怒らないと言った子どもは、いつだったか、「神様にお願いはしないよ。だって、神様はもう欲しいものは全部くれてるもの」と言っていた。私はびっくりした。

実は私はその子のお母さんからも話を聞いたことがある。そのお母さんは、自分のお母さんが亡くなる前に、じっくり話し合うことができたと言って、「母が私を愛してくれていたということを確認できたんです」と言っていた。虐待が連鎖するように、愛も連鎖する。そして愛は、生きていく子どもが自分の人生に満足できるようにしてくれるのだ。

お母さんがテストの点が悪くても怒らないなんてうらやましいと言っていた子どもは、反対に、生きること自体にすでに疲れている。お母さんに怒られるたびに、「ぼくなんか価値がないんじゃないかと思う」、「もう、ぼくなんか死んじゃったほうがいいんじゃないかと思う」と言う。愛をあたえられずにそれでも生きることは、ことほどさように難しいのだ。

子どもが努力しないと怒るけれども、テストの点が悪くても怒らないというお母さんはすばらしい。ところが、残念ながら、このような考え方や言い方ができる人は多くない。大人が大人を批判するとき、大人が子どもを、親が子どもを戒めるとき、どうしても、「あなたは間違っている」と言って、相手の人格まで否定してしまうのだ。そして愛のない批判をされた人は納得できず、反発する。あるいは、うわべだけ取り繕って行動を改めたように見せかけて、陰で悪いことをしたり、うそをついたりする。つまり、ずるい人間になるのだ。また、これが一番深刻なのだが、批判されることに耐え切れず、心の病にかかったりして、最悪、死んでしまったりする。

＊＊＊

「正しい」・「間違っている」、「いい」・「悪い」では問題は解決しない。なぜならば、「正しい」・「間違っている」、「いい」・「悪い」には愛がないからだ。「正しい」・「間違っている」、「いい」・「悪い」では人は幸せになれない。そして、幸せでなければ、私たちはよいことをすることができない。

幸せでなければ、私たちは、自分のために、また自分たちのために、よいことをしようなどという気持ちにはならない。幸せだから、毎日が喜びに満ちているから、あらゆるものに感謝できる。幸せだから、自分のためになること、自分たちのためになることをしようと思える。幸せだから、思う存分生きて、自分のもてる能力を最大限生かすことができる。幸せだから、そんな幸せがいつまでも続くように、自分自身を気遣い、人を気遣い、物事を大切に扱って、日々を大事に生きようと思えるのだ。

一方不幸だと、人を傷つけたり、人のじゃまをしたりしたくなる。不幸だと、幸せそうな人が妬ましくて、世の中の人全部が不幸になればいいとどこかで思ってしまう。また、不幸だと、生きていても楽しいことなどないので、いっそ死んでしまいたくなる。そうなると、自分の健康に気をつけることもなくなって、寿命さえ縮めてしまう。不幸な人は、そもそも生きることに情熱をもてないので、せっかくもって生まれた才能を生かすこともできない。不幸だと、結局、自分のためにも人のためにもよいことなどできないのだ。

よいことをするために、また世の中をよくするためにも、私たちはまず、自分が幸せでいなければならない。そして、幸せになるために、私たちはまず、愛さなければならない。愛するということは、どんなに厳しい状況のもとでも、私たちを幸福へと導いてくれる。愛するということが私たちを生きようという気持ちにさせてくれる。文字通り、愛が私たちの生をささえるのだ。

＊　＊　＊

ヴィクトル・フランクル（一九〇五～一九九七年）はウィーン生まれの精神医学者である。

フランクルには、『夜と霧』という有名な著作がある。『夜と霧』には、ユダヤ人であったフランクルが、ナチスによる迫害を受け、強制収容所で過ごした経験が書かれている。

精神医学の研究者であったフランクルは、強制収容所で経験した日々のことを、おもに自分や自分のまわりの人々の心理的な側面から考察している。『夜と霧』には、強制収容所とそこでの厳しい労働という、この上ない苛酷な状況の中で、人間の精神はどのように働くのか、あるいは、どのような精神がそのような生活に耐えさせるのか、そんなことが書かれているのだ。

フランクルは強制収容所から生還した。ただ単に運がよかったという人もいるかもしれない。けれどもフランクルは、運だけで生きのびることができたのだろうか。これ以上ない困難な極限状態の中でも生きることができたのには、どんなに追いつめられても生きようと思えたのには、何か秘密がありはしなかったのか。

『夜と霧』の中でフランクルは、収容所から「作業場」へ行進している途中で「愛」を感じた瞬間について書いている。収容所のユダヤ人たちは、朝早くから、労働の行われる「作業場」へ移動させられる。その途中で、仲間の一人が彼の妻のことを口にしたとき、フランクルは自分の妻のことを思い出したのだ。


するとと私の前には私の妻の面影が立ったのであった。(中略)私は妻と語った。私は彼女が答えるのを聞き、彼女が微笑するのを見る。私は彼女の励まし勇気づける眼差しを見る。——そしてたとえそこにいなくても——彼女の眼差しは、今や昇りつつある太陽よりももっと私を照らすのであった。その時私の身をふるわし私を貫いた考えは、多くの思想家が叡智の極みとしてその生涯から生み出し、多くの詩人がそれについて歌ったあの真理を、生れて始めてつくづくと味わったということであった。すなわち愛は結局人間の実存が高く翔り得る最後のものであり、最高のものであるという真理である。（傍点引用者）

（V・フランクル著、霜山徳爾訳、『夜と霧』、みすず書房、一九六一年。）

フランクルは、「人間は——瞬間でもあれ——愛する人間の像に心の底深く身を捧げることによって浄福になり得るのだということが私に判った」（前掲書）と言っている。

愛する人に、愛を感じることがフランクルを幸福にした。愛することが、たとえ一瞬であったとしても、フランクルに浄福をもたらしたのだ。実際は、その時にはフランクルの妻は収容所の別のところですでに殺されていたという。**フランクルは妻に愛されることによって幸福を感じたのではない。愛することによって幸福になったのだ。**

フランクルによれば、収容所の人々は、自然の美しさにも感動したようだ。鉄道輸送される際に見た夕焼けの輝くザルツブルグの山々や、苛酷な労働のあと、死んだように疲れていながら見た日没の光景などに、人々はたいそう感動し、感嘆の声をあげたというのだ。

愛することのできるものは人だけではない。この世のすべてのものは愛の対象になる。たとえば、自然の美しさ、世界の美しさを私たちは愛することができる。そして、愛することができたとき、私たちは幸福を感じる。幸福を感じて、私たちは生きていることに感謝する。愛して、幸福を感じて、私たちは生きようと思える。愛は私たちに生きる力をあたえてくれるのだ。生きていなければ何事も始まらない。そして生きることの源には、愛があるのだ。

愛があるから生きられる。愛があるから、生きようと、よりよく生きようと思うことができる。まさに、愛こそすべてなのだ。

私たちは、生まれ落ちた時には世界を愛する気持ちでいっぱいだった。好奇心に満ち、この世のあらゆるものを愛することができた。けれども私たちの多くは、成長する過程で、だんだん愛せなくなった。私たちは不幸になったのだ。

生きるために、そして幸せになるために、私たちは愛する力をとりもどさなければならない。

私たちはどうすればよいのか

私たちは自由でなければならない。どこまでも自由に考え、自由に行動することができなければならない。生きること自体が、自分の意思にもとづいていなければならないのだ。私たちは、自分の身も心も、たとえ髪の毛一本たりとも、だれかに支配させてはならない。

自由でなければ、私たちは本当の自分にはなれない。そして本当の自分になれなければ、生きる意味をなくしてしまう。自由でなければ、私たちは自分の本当の感覚も、本当の感情も見失ってしまうのだ。贋《にせ》物の感覚、贋物の感情、あるいは借り物の感覚、借り物の感情にどんな意味があるだろう。そこには本当の発見もなければ、本当の喜びもない。自由でなければ、生きることに価値を見出せなくなる。私たちは権威に縛られてはいけない。権威からは自由でなければならないのだ。

とは言え、私たちにも義務はある。けっして権威に押し付けられたものではないけれど、私たち自らが進んで引き受けるべきものとして、それはたしかにある。

一つ目は、依存しないことだ。自分の存在の理由を自分の中に見出し、自分の外側にあるものにかこつけて自分をささえようとしないことだ。力のある人や、組織や、制度や、伝統など、何か確かだと思われるようなものに、自分を保証してもらおうとしないことだ。

たとえば権威のある人の言うことや伝統などには、従うのが当然だと思っている人がいる。そして、自分の信奉する権威に従わない人がいたら、どうして従わないのだと攻撃したりする。そのような人は権威に依存して、自分と権威を同一視して、自分自身も確かなものだと思おうとしているのだ。

けれども、権威のある人がいつも正しいことを言うとはかぎらないし、伝統は時代に合わなくなるかもしれない。常識だって、疑ってかかればおかしなところがたくさんあるにちがいない。だから、自分で考えることが大切なのだ。確かなこととしてすでにあるものに盲目的に従うのではなく、自分の心で感じて、自分の頭で考えなければならないのだ。

ときどき、権威ある組織の一員であることを誇示したり、権威ある学説で理論武装したり、あるいはブランド品という権威で身を固めたりしている人を見かける。けれども、そのような人たちが、もし、自分のことを保証してもらおうと思ってそうしているならば、それは意味のないことだ。そのような権威の鎧《よろい》を身につけたところで、依然としてその人たちが自分の存在の不安におびえていることには変わりがないからだ。

自分のことを心の底から肯定できていたら、そんな保証は必要ない。自分のことを愛せていたら、自分の存在はそれだけで充分だと思えるはずなのだ。

もっとも、人や権威に依存しないでたった一人でいることは簡単なことではない。自分の存在の意味をあたえてくれていたものから離れて一人になったら、最初はおそろしい不安と孤独感に苛《さいな》まれるだろう。

私は、自分に役割をあたえ、その存在を保証していた家族から離れようと決意したとき、深い孤独におちいった。その上、私の考え方がまったく変わって話が合わなくなってしまったので、それまで親しくしていた友人も離れていった。だれにも頼ることができず、とことん孤立してしまったのだ。広い世界にたった一人だと思うこと、その寂しさといったらない。しばらくの間私は、絶望的な孤独感に苛まれていた。

それでも、あらゆるものから自由になって、自分で自分の存在をささえることができるようになったら、それは本当の自立だと信じて、私は前進するしかなかった。すると、新しい出会いもあるようになった。新しく出会った人たちは、私に共感してくれる人たちだ。別れがあれば出会いがある。これからも、自分とより近い考え方をする人たちとまだまだ出会うことができるだろう。もっとも、私を理解してくれる人がいても、私はあいかわらず孤独である。けれども、それでいいのだ。人間は孤独でいい。人間は結局、一人で生まれ、一人で死んでいく。それに孤独であるからこそ、人とのつながりのありがたさを身にしみて感じることができるのだ。

何の根拠もなく自分を肯定できる、たった一人、だれから承認されることがなくても、自分を認めることができる、そんな強さがほしい。だれに認めてもらえなくてもいい。孤独でもいいのだ。自分は自分、自分の存在をその根本から絶対的に肯定することができるようになると、その人は本当の強さを身につけたことになる。

自分を心の底から肯定できるようになると、自分とだれかを比べる必要がなくなる。だれかと比べて、自分は優位に立っていると思う必要がなくなる。自分が優位に立つために、だれかを落とす必要がなくなる。自分を肯定するためにだれかを否定する必要がなくなる。だれかをバカにする必要がなくなる。差別する必要がなくなる。そして、イジメる必要がなくなるのだ。

私たちがそうして精神的に自立できたら、ほかの人たちともよい関係を築くことができるようになるだろう。人に依存しない、自分で自分をささえることのできる人が、人ともうまくやっていくことができる。逆説的ではあるけれど、一人でいても平気な人が人と共存できるのだ。

さて、義務の二つ目は、私たち一人一人が幸せになることだ。何かを愛して、いつも幸せな気分でいることだ。どうして幸せになることが私たち一人一人の義務かと言えば、不幸でいると、私たちはかならず人をも不幸にしてしまうからだ。

不幸な嫌な気分でいると、私たちは幸せそうな人をうらやましいと思ってしまう。うらやむだけならまだよい。自分には何もないと思うと惨めで、めぐまれているように見える人が妬ましくなってくる。機会があったら、そんな幸せそうな人のじゃまをしてやろうと思ったりする。残念なことに、実際、そのような理由で人の足を引っ張るようなことをする人はたくさんいるのだ。

不幸な人が起こす痛ましい事件のニュースを耳にするたびに、私は複雑な気持ちになる。世の中の多くの人は、被害者に同情して犯人を非難する。そのような人たちは、自分たちと犯人との間には決定的な違いがあると思っているようだ。けれども、私にはそうは思えない。自分と犯人とはそんなに違うだろうか。自分のことを不幸で惨めだと思って、世の中や人を恨んだことはなかっただろうか。絶望的な気持ちになって、いっそ世界が破滅してしまえばいいと思ったことはなかっただろうか。

私たちは不幸になってはいけない。また、不幸な人をつくってはいけない。不幸な人は、自分に惨めな思いをさせるものとして、人や社会をだんだん恨むようになっていく。そして、最悪、そのような人や社会に突然刃《やいば》を向けたりする。不幸な人は、人や社会を憎んでいるけれど、それと同時に自分自身のことをも憎んでいる。不幸な人は、憎しみを人にも自分にも向け、両方を破壊しようとする。

不幸な人とは、愛せない人である。自分や人や物事を愛せなくなった人である。自分を愛せず、人を愛せず、物事を愛せず、不幸になった。不幸な人は、自分のことも人のことも、それから世の中の多くの物事も肯定することができない。けれども不幸な人は、生まれたときから不幸だったのではない。不幸な人は不幸になったのだ。

不幸な人はおそらく、愛されない子どもだったのだ。不幸な人は子どものときに、身近な人たちから愛してもらえなかったのだ。不幸な人は幼いころに、自分の存在を肯定してもらえず、自分もふくめたあらゆるものを肯定できなくなってしまった。愛されなかったので、愛せなくなったのだ。かつてとある法相が、「死刑囚には、どうしてこんなにめぐまれた育ち方をしたのにそんなことをしたのか、と思うような人物がまったくいない」と言っていた。不幸な人はたしかに、最初は被害者だったのだ。

けれども、だからこそ、被害者意識をもつことは危険なのだ。被害者意識をもって、自分を憐れんでいては、惨めな気分になってしまう。そうしていると、そのうちだんだん恨みがつのっていって、その恨みをはらさないではいられなくなる。だれかを傷つけないではいられなくなる。あるいは自分を、あるいは人を、傷つけないわけにはいかなくなるのだ。

今、現に、不幸な日々をおくっている人には、最初は難しいかもしれない。それでも、努力してみるだけの価値はある。自分の身近なものに「ＹＥＳ」と言ってみよう。

「いい季節になったなあ、風が心地いい」

「隣の人が笑顔であいさつしてくれた」

「交差点に着いた瞬間、信号が青になった」

「タオルがフワフワで気持ちいい！」

「アイスクリームがおいしい！」

ささいなことだけれども、こんなふうに思えたらその瞬間は幸せを感じないだろうか。今、困難の中にあっても、この程度のささやかな幸せなら、見つけようと思えば見つかるものだ。そうして、その瞬間だけでも幸せな気分になれたら、もう一度困難に立ち向かおうという力が湧《わ》いてこないだろうか。

自分は不幸だと思うと、どうしても惨めで、今ある幸福に気づくことができない。けれども、よく見ると、私たちのまわりにはまだまだたくさんの幸福や幸運がひしめいている。それを数えよう。よいことを数え、悪いことには目をつぶるのだ。コップに水が半分入っている。それを「まだ半分ある」と思うか、「もう半分しかない」と思うかだ。「ある」と思うほうが「ない」と思うよりも幸せに近いことは言うまでもない。

自分は不幸だと思っていると、人の幸せを願うことができない。それどころか、幸せそうな人を見ると、引きずり下ろしてやりたいとさえ思う。そんな人が人を思いやることなどできない。そして、人を思いやることのできない人ばかりの世の中が住みよいものであろうはずがない。だから、自分も人も幸せでいるために、まず、自分から幸せな気分になることが大切なのだ。

一人一人が幸せになること、それは義務だ。自分が幸せになるため、また、自分以外の人たちが幸せになるために、まず自分が幸せな気分でいることだ。

それでも自分に「YES」と言う

今、なんとなく生きづらさをかかえている人は、そうなってしまった不運に気づくことだ。生きづらさをかかえてしまうようになった自分の不幸を認め、受け容れることだ。物事を愛せなくなって、生きることがなんとなく苦しいのは、そのように育てられてしまったからだ。その事実をまずは受け容れるしかない。

物事を愛せなくなった人の中には激しい怒りや悲しみが積もっている。そしてその感情は、かならずだれかに向けられている。どんなに平静をよそおっても、そのような怒りや悲しみの感情はけっして解消されることがなく、身近な人や、社会そのものや、自分自身に向けられているのだ。

身近な人に自分とは反対の意見を言われてなぜか強い敵意を感じる、隣人の小さなマナー違犯に激しい怒りを感じる、あるいは、出先ですれ違った見知らぬ人のちょっとした無神経な行為がどうしても許せない、また、思い通りにできない自分をどうしても受け容れられないなど、生きづらさをかかえている人は、ささいなことにプライドを傷つけられて腹をたてる。そうしてそのとき感じた怒りを、自分を怒らせたと思う相手にぶつけてしまったり、救いようのない自己嫌悪におちいったりするのだ。

生きづらさをかかえている人は、なんでもないことに傷つき激しく怒るが、それは、自分の中に激しい怒りや深い悲しみを隠しもっているからだ。

生きづらさをかかえている人は、ちょっとしたことで腹をたてたりするので、怒りっぽい印象をあたえたりする。また、生きづらさをかかえている人は、自分にも他人にも厳しくて、厳格で生真面目な印象をあたえることもある。どちらも心の奥底に激しい怒りをかかえているために、まわりに怒りの口実を見つけるや、怒ったり、厳しく接したりしてしまうのだ。

そのような心の奥底の怒りとは、生きづらさをかかえる人が成長する過程でため込んできたものだ。生きづらさをかかえる人が、生きづらくなり、怒りや悲しみを隠しもつようになってしまったのは、そこにその原因をつくった人がそもそもいたということだ。

怒りは、その怒りのおおもとの原因となった人に返さなければ解消することはない。その怒りの原因となった人がだれなのか、特定しないといけないのだ。そうしなければ、身近なところに口実を見つけ、隠しもった怒りをどんなに発散しようと、心の奥底の怒りがなくなることはけっしてない。

世の中には意地の悪い人というのがいるが、そのような人はこのような解消されない怒りを隠しもっているのではないだろうか。また、イジメや差別を執拗に行う人は、この隠しもった怒りを解消したいがために、イジメたり差別したりするのではないだろうか。

いずれにしても、そうやって人を傷つけて怒りを解消しようとしてもうまくはいかない。人を傷つけて一時的に気分がすっとしたとしても、根本にある怒りが解消されていないので、また同じように人を傷つけたくなる。心の奥底にある怒りを解消しない限り、意地の悪い人はずっと意地の悪い人でい続けるのだ。

生きづらさをかかえる人に、だれがそのような怒りを植え付けたのか。それはやはり、その人が成長する過程でその人に深く関わった人だろう。多くの場合、親、とくに母親の影響が大きいだろうことが想像される。

けれどもだからと言って、お母さんを責めるというのも間違いだ。お母さんはお母さんで、そのお母さんから、そうなるように育てられた人だからだ。お母さんはお母さんのお母さんから愛してもらえなかった。だから、自分の子どもも愛することができなかったのだ。そうして代々、愛することのできない人たちが連なっていく。その連鎖を断ち切ることがまず、求められているのだ。

お母さんが愛してくれなかったからと言って、お母さんを責めることはない。お母さんは、人間の本来のあり方を教えてくれなかっただけなのだ。

もちろん、自分の心は癒やしてやったほうがいい。お母さんに愛されなかったことを存分に嘆き、悲しみ、怒りを感じるという過程を経る必要はあるだろう。そしてそのあとで、自分で自分を充分愛してやることだ。自分で自分を肯定することだ。自分自身に「ＹＥＳ」と言ってやることなのだ。

あなたが生まれてきたことには意味がある。
あなたがこれまで生きてきたことには意味がある。
あなたがこれまで苦しんできたことには意味がある。
あなたがこれから生きていくことには意味がある。

あなたには価値がある。
あなたがこれまで生きてきたことには価値がある。
あなたがこれまで苦しんできたことには価値がある。
あなたがこれから生きていくことには価値がある。

あなたのこれまでの人生に「ＹＥＳ」と言おう。
あなたのこれまでの人生を肯定しよう。
あなた自身に「ＹＥＳ」と言おう。
あなた自身を肯定しよう。

あなた自身を愛してあげよう。
そして、あなたのこれからの人生に「YES」と言おう。

実際これまでの私の人生は、けっして幸せなものだったとは言えない。私にとってもっとも問題だったのは、毎日、生きることを楽しむことがまったくできていなかったことだ。何をやってもやらなくても、なんだか苦しい日々をずっとおくってきたことだ。何かしようと思っても、不安ばかりが先に立って、緊張したあげく、私は失敗ばかりしていた。そうしてそのたびに、自己嫌悪におちいっていた。何をしてもしなくても私は罪悪感を抱いた。罪ある自分は物事を楽しむ資格などないと信じていた。

私にとって生きることは、そのつどあたえられる義務をひたすらはたしていくことだった。自分にあたえられた義務を首尾よくこなしていくこと、それだけだった。その結果、私には、生きること自体が義務となってしまっていた。

私には生きる自由がなかった。そして自由のないところに幸福はなかった。

けれども、そのような不幸の根源に何があったかということに気づいて、私の考え方と生き方が変わった。そのとき私の不幸は意味と価値を獲得したのだ。私はそうやって不幸を経験したからこそ、今、本当の幸福がどんなものだかわかる。私の不幸な日々には意味と価値があったのだ。

これまでの自分の人生を肯定しよう。生きることが苦しくて苦しくてしかたがなかったのに、それでも生きてきたこれまでの自分をほめてあげよう。自分を認めよう。自分を肯定しよう。自分を愛してあげよう。そうすればかならず、今よりも幸せな日々がやってくる。私はそう信じている。

エピローグ

第一章、「『生きていける人間』になる」に登場したさくらちゃんのモデルの一人が、進路を決めた。

その子は次年度から、通信制の高校に通うことになった。通信制の高校は、入学審査の際、中学校までの内申書の内容のいかんを問わない。これまでは無理をしてでも、なるべく学校に行こうとしていたけれど、内申書のことを気にして、学校に行かなくてはいけないというプレッシャーがなくなったのだ。本人が納得して、もう中学校には行かなくてもいいと決断し、周囲の大人たちも賛成している。

少し前から私は、その子の顔の表情が変わってきたことに気づいていた。それまではいつも同じ硬い表情で、まるで能面のような印象をあたえていたのに、だんだん細やかで豊かな表情になってきていた。

そのころ、その子は数検と英検を受験していた。そして、英検はみごと三級に合格した。その子はもともと耳がよくて、ヒアリングが得意だったのだが、英検ではヒアリングは九割以上の得点率だったということだ。

このような成功体験が増えていき、その子は自分に自信がもてるようになっていったのだろう。塾の入り口で中に入れなくなってしまうということもなくなり、自分がこれをやろうと思った勉強の課題には、すんなりと取り組むことができるようになった。

その子は明るくなった。その子は変わったのだ。その子のまわりの大人たちは、この明るさを守ろうと言っている。その子が今の明るさをなくしてしまうようなことはさせまいと言っている。

その子のまわりは今、YESばかりになった。何をするにも、不思議とNOと言われることがなくなったというのだ。以前はその子が何をしてもしなくても、NOという反応ばかりだったのが、今は何かをしようとすると、まわりの人たちからYESという反応をもらえるようになったという。

その子が変わった理由のひとつに、私が徹底的にその子の気持ちに寄り添って、「私も同じだよ」と言って共感したことがあると言われた。もしもそうであるなら、それは、私がその子の気持ちを否定せず、その子の存在を根本から肯定したからだろう。私がその子の存在を無条件で肯定したので、その子も自分を肯定できるようになったのだと思う。

自分自身をその根本から肯定できるようになると人間は強い。何かをしようという意欲が湧《わ》いてくる。やりたいと思うことには何でも挑戦するといい。自分を根本から肯定しながら挑戦することには、不思議とみんながYESと言ってくれる。その子にもきっと、応援してくれる人が現れるだろう。

その子の夢は、大学に行って数学の教員免許を取り、自分のように生きることに困難を感じている子どもたちに数学を教えることだ。共感してもらうことを求め続けていたその子は、今度はだれかに共感したいと思っている。助けを求めていたその子が、次はだれかを助けたいと考えている。

その夢がかなうように、これからも私はその子のことを見守っていきたいと思っている。

〈著者紹介〉
塩瀬　晶子（しおせ　あきこ）
法政大学大学院人文科学研究科博士後期課程満期退学。
現在、学習塾で国語・作文指導にたずさわっている。

子どもの不幸をつくる親

2021年 1月 18日初版第1刷印刷
2021年 1月 30日初版第1刷発行
著　者　塩瀬晶子
発行者　百瀬精一
発行所　鳥影社 (www.choeisha.com)
〒160-0023 東京都新宿区西新宿3-5-12トーカン新宿7F
電話 03-5948-6470, FAX 03-5948-6471
〒392-0012 長野県諏訪市四賀229-1（本社・編集室）
電話 0266-53-2903, FAX 0266-58-6771
印刷・製本　シナノ印刷
© SHIOSE Akiko 2021 printed in Japan
ISBN978-4-86265-847-0 C0095

定価（本体1300円+税）

乱丁・落丁はお取り替えします。